『十三五』国家重点出版物出版规划项目

长江三峡工程文物保护项目报告 乙种第三十三号

万州武陵墓群

重庆市文物局 重庆市移民局 编

科学出版社

内 容 简 介

本书是重庆市万州区武陵墓群的发掘报告。全书以时代先后为序介绍了对该墓群战国至明代墓葬3次考古发掘的成果。本书为全面建立峡江地区战国至明清时期的丧葬文化序列，研究这一时期本地的政治格局、经济水平和文化的交融脉络提供了翔实可靠的实物资料。

本书可供从事考古学、历史学、文物研究的专家、学者、教师和学生参考阅读。

图书在版编目（CIP）数据

万州武陵墓群 / 重庆市文物局，重庆市移民局编—北京：科学出版社，2018.9

（长江三峡工程文物保护项目报告. 乙种第三十三号）

“十三五”国家重点出版物出版规划项目

ISBN 978-7-03-058698-8

Ⅰ. ①万… Ⅱ. ①重… ②重… Ⅲ. ①墓群–发掘报告–万州区 Ⅳ. ①K878.85

中国版本图书馆CIP数据核字（2018）第202202号

责任编辑：王琳玮 / 责任校对：王晓茜

责任印制：肖 兴 / 封面设计：陈 敬

科学出版社 出版

北京东黄城根北街16号

邮政编码：100717

http：//www.sciencep.com

中国科学院印刷厂 印刷

科学出版社发行 各地新华书店经销

*

2018年9月第 一 版 开本：A4（880 × 1230）

2018年9月第一次印刷 印张：9 插页：17

字数：270 000

定价：228.00元

（如有印装质量问题，我社负责调换）

"13th Five-Year Plan" National Key Publications Publishing and Planning Project

Reports on the Cultural Relics Conservation
in the Three Gorges Dam Project
B(site report) Vol.33

Wuling Tombs in Wanzhou,Chongqing

Cultural Relics and Heritage Bureau of Chongqing
&
Resettlement Bureau of Chongqing

Science Press

长江三峡工程文物保护项目报告

乙种第三十三号

《万州武陵墓群》编委会

目　　录

插图目录

彩版目录

第一章 墓群概况

第一节 墓群环境

一、峡江地区人文地理环境

长江是我国第一大河流，全长6397千米，总流域面积约1808500平方千米，其流域面积、长度、水量都占我国乃至亚洲第一位。长江发源于青藏高原，在流经四川盆地时接纳了雅砻江、岷江、嘉陵江等支流后一路开山劈岭，夺路奔流，形成了雄伟壮丽的长江三峡及其周边的峡江地区。

峡江地区有狭义和广义两个概念。狭义的峡江地区是瞿塘峡、巫峡、西陵峡的总称，它西起重庆市奉节县，东至湖北省宜昌市。广义的峡江地区则指的是从重庆主城区以东至湖北宜昌市以西的长江沿岸地带，从行政区划上看，包括涪陵、丰都、忠县、万州、云阳、奉节、巫山、巴东、秭归等区县。其北靠大巴山脉，南界川鄂山地，地理坐标为北纬29°～30°，东经106°～112°，总面积约为5.67万平方千米，96%以上都是丘陵和山地。

峡江地区地貌可分为川东平行岭谷、四川盆地边缘山地和川鄂山地。川东平行岭谷包括方斗山和华蓥山之间的北碚至达州的平行岭谷、涪陵至万州间的低山和丘陵、云阳与开州（原开县）一带的低中山与低山。四川盆地边缘山地包括大巴山中山地带和巫山大娄山中山地带。川鄂山地指三峡峡区所在地，即瞿塘峡、巫峡、西陵峡。现代峡江地区地貌的形成与地壳运动有着密切关系，首先是距今1.5亿年时发生在我国南方的“印支运动”，它使四川、青海、甘肃等海槽全部上升为陆地，原鄂西仍浸泡海水之中的一部分同时露出海面使峡江地区全部变成陆地；接着是约7000万年前的“燕山运动”，峡江地区地貌的基本骨架——川东褶皱带、盆地中山地以及鄂西山地基本形成。这之前，峡江地区有着几十亿年浸没在海水中的历史。到了2000万年前的喜马拉雅运动，又发生了中国大陆西高东低的地形变化，青藏高原水系数亿立方水量汇聚四川盆地，一齐向盆东缘唯一缺口——川鄂山地低凹带冲去，形成长江干流。经2000万年不停冲刷，侵蚀着以海相沉积为主的峡江地区地表，当它流经泥岩、页岩和砂岩露出地表时，由于岩性松软便形成宽敞的向斜河谷，如川东河谷、大宁河河谷、香溪河谷等。而当它流经以石灰岩为主的背斜山地时，则因岩性坚硬、抗蚀力强，江水只好在发育较弱的垂直裂缝向下侵蚀，致使两岸谷坡岩层失去支撑而崩塌，从而形成幽深险峻、峭壁临江的三峡大峡谷。原始长江以其无与伦比的伟大自然力，经漫长岁月雕琢修饰，终于在川鄂山地间、神工鬼斧地造就了一个中外驰名的奇峡——长江三峡。

峡江地区属中亚热带湿润气候区，气候特点是冬暖夏热，冬干夏雨，夏雨不充分时常有伏旱。同时，受地形影响，气候垂直变化明显。海拔400米以下的沿江河谷暖季长、霜冻少，一月气温平均6℃，八月平均气温28℃，年平均气温为18℃。峡江地区年平均降水量在1000～1400毫米之间，但时空分布不均匀。峡江地区同时也多雾，年平均雾日达100～150天。

由于长江及众多支流亿万年来的冲刷和积淀，在高山峡谷间形成以中小型平坝和台地为主的独特峡谷地貌。这些平坝和台地气候宜人、地势平坦、土地肥沃，为人类的发展提供了良好的生存环境，使峡江地区成为中国远古文明的发祥地之一。早在距今二百多万年前，峡江地区已有人类祖先的遗迹，巫山大庙区龙骨坡发现的三峡人类化石便是这一时期的代表。至中更新世至全新世时期，峡江地区的早期人类活动已相当活跃，峡区内的秭归、巴东、巫山、奉节、云阳、忠县及丰都等地，均发现了当时人类活动的遗迹、遗物。远古先民根据大自然所赋予的条件，因地制宜地创造出邻水垦殖、渔猎采集、低居高葬的生存模式；后来随着生产力水平的提高和不同文化间的交流与碰撞，为获得更大的生存空间，先民们不断地向高山和内地移民，因而形成了本地古文化遗存的分布随时间的迁移而空间范围不断扩大的态势。同时因为地形复杂、交通不便等客观条件的影响，使得本地在各个历史时期遭遇变乱的状况较少，故能长时间处于一种基本稳定发展的状态之下，从而也为文物古迹的保存提供了难得的条件。

二、万州区人文地理环境

万州区位于四川盆地东北边缘，东与云阳县和湖北利川市相接，南靠石柱县，西与忠县；梁平区（原梁平县）和四川省达州市毗邻，北与开州（原开县）接壤。地理坐标为东经107° 55′ 22″ ～108° 53′ 25″，北纬30° 24′ 25″ ～31° 14′ 58″，东西长97.25千米，南北宽67.25千米，总面积3457平方千米。

万州区地貌以低山、丘陵和山间平地为主，大型平坝和台地较少，且零星散布。与长江三峡的峡谷相比，这里属于宽谷地带，两岸坡度较平缓，山丘错综排列，山前一般有大小不等的阶地，阶地上土质较厚，土壤肥沃，是人类理想的生存场所。

万州区河流纵横，呈枝状分布，均属长江水系。长江自西南与石柱、忠县交界的长坪乡石槽溪入境，向东北横贯腹地，经黄柏乡白水滩流入云阳县，流程80.4千米。境内流域面积在100平方千米以上的支流有江北的苎溪河、渡河、石桥河、汝溪河、浦里河，江南的泥溪河、五桥河、白水溪，另有溪沟93条，总水域面积为108.66平方千米。

万州区地处亚热带季风湿润带，四季分明，冬暖、多雾；春早，气温回升快而不稳定；夏热，多伏旱；秋长，阴雨绵绵，日照充足，雨量充沛，天气温和，无霜期长，霜雪稀少。一月平均气温6.8℃，八月平均气温28.3℃，年平均气温17.7℃。年平均降水1243毫米，但区域性降水不均，四季降雨量也不同，春季占降水量的29%，夏季占39%，秋季占27%，冬季仅占5%。境内日照时间长短，一般与云雾、季节等因素关系密切，山区冬季云雾较多，日照时数较少，夏季日照多，冬季日照少，年平均日照时数1484.4小时。

由于温暖湿润的气候、丰沛的水源、肥沃的土壤以及丰富的动植物资源，使长江及其支流两岸众多的山前小阶地成为人类生存繁衍的理想之地。通过三峡工程前的库区文物调查和近几年开展的第三次全国文物普查显示，万州境内的文物遗存十分丰富。在这些遗存中，既有埋藏种类丰富、数量庞大的古生物化石点，也有不同规模的人类聚落或村庄、城垣；既有膜拜礼祭的宗庙、祠堂，也有据险守备的城寨、关隘；既有工业生产的陶瓷窑场、冶炼工场、酿酒作坊，也有农耕作业的水稻田遗迹；既有规模宏大、形制规整的大型土坑竖穴墓，也有用材考究、陪葬丰厚的砖、石室墓。这些不同时期、不同类型的文化遗存充分反映出万州区独有的自然、人文风貌，记录了万州区延绵不断发展的历史脉络，成为传承峡江古韵的载体流芳千古。

根据《三峡工程淹没及迁建区文物保护规划》，为配合三峡工程建设，万州范围内有24处地面文物需搬迁保护或留取资料，111处地下文物点需进行抢救性考古发掘。1997年以来，通过来自全国各地的文物专家、学者的艰苦努力，到2007年已全面完成淹没区文物保护任务，并取得了一系列重要的考古学成果。大周镇渣子门等旧石器时代遗址的发掘，不但出土了数百件由砾石打制加工而成的砍砸器、刮削器、尖状器、石片、石核等遗物，更进一步证明了距今约7000年前大周镇渣子门附近就有古人类生活繁衍的足迹。1999年由重庆市文物考古所和万州区博物馆组成的联合考古队对太龙镇苏和坪遗址进行第二次发掘时首次发现并清理了一座新石器时代的木骨泥墙房屋遗迹，遗迹内包含完整的居住面和灶、柱洞等附属结构，同时出土了多件大型陶制容器和制作精细的磨制石器，这一发现也使得苏和坪遗址成为三峡地区新石器中晚期文化的代表性遗址，并被评为1999年度三峡库区十大考古发现之一。位于小周镇涂家村的中坝子遗址和小周镇安全村的塘房坪遗址的早期地层中包含大量具有显著早期巴文化特色的夏商时期文化遗存，是峡江地区夏商时期土著巴文化遗存的代表性遗址。商周时期，万州区以黄柏乡巴阳村的黄柏溪遗址第一期文化遗存和武陵镇下中村麻柳沱早期文化遗存为代表的遗址中出土的大量遗物具有峡江巴文化、长江中下游楚文化以及中原文化、成都平原三星堆蜀文化等多种商周时期的古文化特征，说明此时峡江地区文化形态的多元化和地域交流的频繁。战国—六朝时期，万州的古文化遗存以墓群为主，其中最有代表性的是位于瀼渡镇石山村的大坪墓群和武陵镇下中村的大丘坪墓群，它们的共同特点是延续时间长、同时期的墓葬埋葬较为集中、形制具有鲜明的时代特点和地域文化特色。唐宋时期，万州境内分布有各种规模的古市镇遗址，其中具有代表性的有位于武陵镇禹安村的涪溪口遗址和下中村的下中村遗址，这两个市镇遗址相距较近，遗存所反映的文化内涵基本一致，是峡江地区中小型市镇类遗存的代表。

三、武陵镇及武陵墓群人文地理环境

武陵镇位于万州区西南部的长江边，距万州城区约37千米，全镇面积34.4平方千米。东南部与新乡镇隔江相望，南与石柱县的西沱镇、忠县的石宝镇相连，北与瀼渡镇相邻，西与鹿井乡、郭村乡接壤。武陵镇处于万州、石柱与忠县交界之地，地理位置十分优越，历史上曾有“川东水码头”和“小万县”之称，境内道路网络遍布全镇，水陆交通便利，是连通忠、黔、万的重要物资集散地。

镇内沿江水域长达14千米，水流平缓，江岸地势平坦开阔，土壤肥沃，是瞿塘峡以西的长江沿岸为数不多的适宜人类居住的地区之一。全年气候温暖，雨量充沛，四季分明，无霜期长，适合多种农作物生长。

武陵镇辖区内有数量众多的古遗址和古墓群，其中既有作为峡江地区中小型古市镇代表的涪溪口遗址和下中村遗址，也有以大丘坪墓群和柑子梁墓群为代表的延续时间长达数百年的大型古墓群。这些古遗址、古墓群的发现佐证了武陵镇悠久的历史和丰富的文化内涵（图一）。

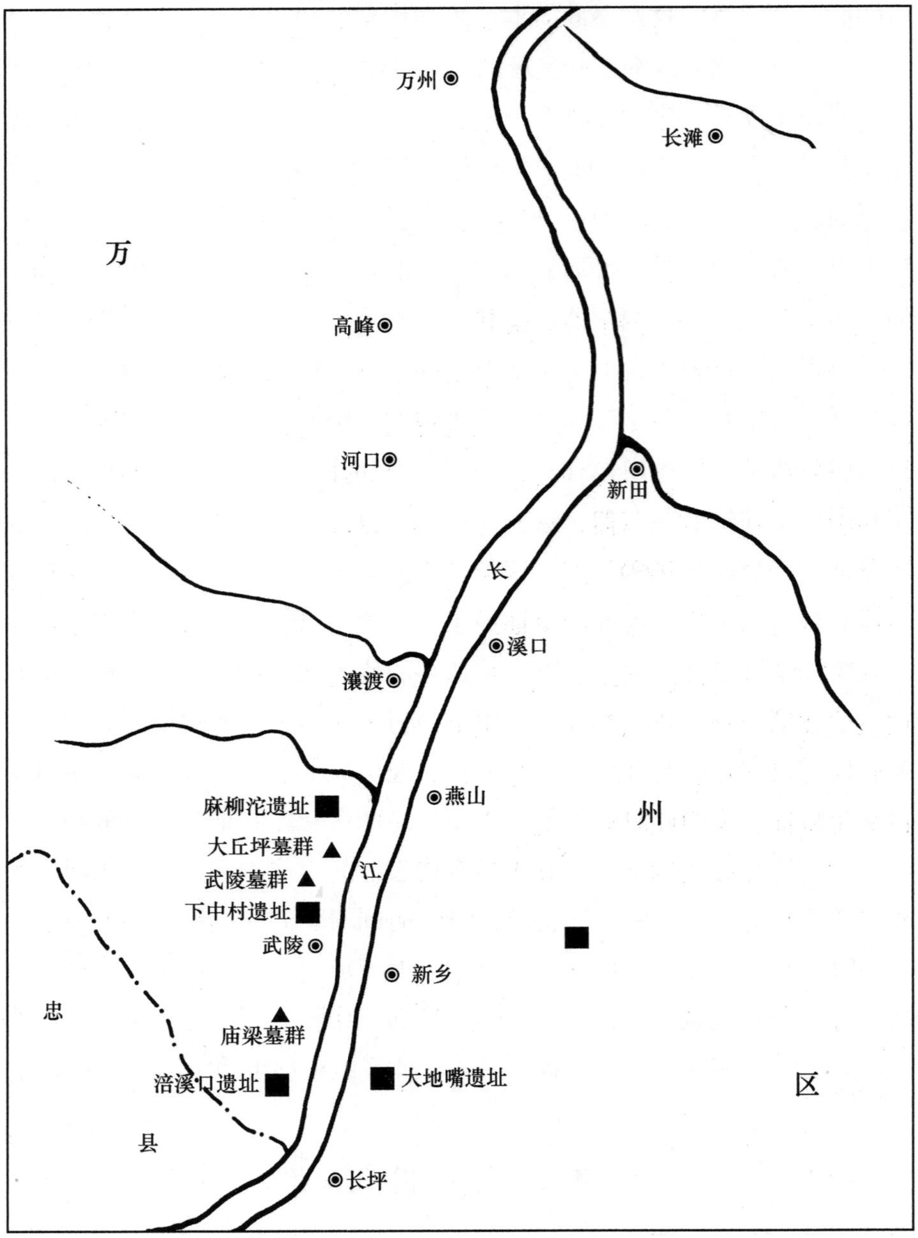

图一　武陵墓群位置示意图

武陵墓群，位于重庆市万州区武陵镇下中村十一、十二社，地处长江北岸一级台地上，东临长江，西靠尖山，北隔小浪口与大丘坪墓群相望，南依武陵中学，墓群与下中村遗址部分叠压，现存面积约45000平方米，中心地理坐标为北纬30º30′25″，东经108º15′42″。墓群地势西高东低，坡度较平缓，西部地形由三个向长江突出的山梁组成，自北向南分别为罗仁发嘴嘴、大坟坝、少耳嘴，山梁之间是平坦低矮的山湾，地表为梯级水稻田，海拔在155～175米；山梁下为较平整的临江台地，地表为民居、蔬菜地、果树等，海拔145～155米（彩版一）。

四、万州区及武陵镇历史沿革

万州地处三峡库区腹心，以“万川毕汇、万商云集”而得名，历来是渝东、鄂西、黔北、陕南、湘西等地的水陆交通枢纽和物资集散中心，素有“渝东门户”之称。

据《万县志》记载，万州夏商属梁州地，周属巴子国，秦属巴郡朐忍县。东汉建安二十一年（216年），刘备分朐忍地置羊渠县，治城今长滩镇，为万州建县之始。蜀汉建兴八年（230年），改羊渠置南浦县，治城迁至今万州区南岸。西魏废帝二年（553年），改南浦为鱼泉县，徙治江北（原万州区环城路一带，现位于三峡淹没线下），从此，万州的治所不再变动。北周时期（557～584年），先在鱼泉县置安乡郡，后改安乡郡为万川郡，改鱼泉县为安乡县，不久又改安乡县为万川县。

隋开皇十八年（598年），废万川郡，改万川县为南浦县。隋炀帝大业三年（607年），省南浦县归属巴东郡。唐武德二年（619年）置南浦郡，领梁山、南浦、武宁三县；武德八年（625年）改南浦郡为浦州。贞观八年（634年）改浦州为万州，天宝元年（742年）改万州为南浦郡，乾元元年（758年）恢复万州，仍与南浦县同治。

宋立万州为军事州，辖南浦、武宁二县。元世祖至元二十年（1283年），省南浦县入万州，领武宁一县。明洪武四年（1317年），并武宁县入万州，六年（1373年）降万州为万县。

民国二十四年（1935年）设万县专区。

新中国成立后，于1950年设立万县专区，1970年改万县地区，1993年撤销万县地区建立万县市，1998年重庆市直辖后改万县市为万州区。

武陵镇汉时属巴郡临江县（今忠县）地，《华阳国志》载临江县因盛产食盐为当时“一郡所仰”，“其豪门亦家有盐井，严、甘、文、杨、杜为大姓，杨宗符称武陵”。这是文献中关于武陵的最早记载。三国及两晋时期仍属巴郡。南朝梁大同六年（540年）设置临江郡，属楚州，武陵亦属临江郡。北朝时期的北周孝闵帝元年(557年)，析临江县，置源阳县县治于武陵。北周建德四年(575年)，改县名为武宁。

唐武德初武宁县属万州南浦郡，武德八年(625年)，属浦州。贞观八年(634年)，又属万州。

宋代武宁县一直属万州。元代武宁县属四行省夔州路下的万州。明洪武四年(1371年)，省武宁县入万州，改名武陵，设武陵巡检司。清代武陵镇属万县三正里。

民国时期属万县专区。

中华人民共和国成立后武陵镇先后隶属于万县专区（地区）、万县市和万州。

第二节 勘探发掘经过

一、工作概况

1986年四川省文物普查时发现本墓群，最初定名为罗仁发墓群，后因墓地上发现一座汉代石阙，被专家命名为“武陵阙”。2004年后，根据三峡办意见，墓群名称相应改为武陵墓群。1994年厦门大学考古队在三峡库区文物抢救保护调查规划阶段对该墓群进行了调查和试掘，共发掘汉代—六朝时期砖室墓四座，墓葬形制为刀形和中字形，出土一批陶、瓷、铁、石器及铜钱。在规划中列入A级发掘项目①。

2002年3月，为配合三峡工程建设，万州区博物馆与重庆市文物考古所联合组成考古队，对该墓群进行大规模发掘。野外发掘工作从3月20日开始至5月10日止，共计51天，完成田野钻探15000平方米和规划发掘面积2000平方米。本年度共发掘东汉—六朝时期墓葬10座，由于武陵墓群与下中村遗址地理位置重合，故2001年度下中村遗址项目发掘的三座墓葬归入本年度报告中一并介绍，墓葬号及器物号改用武陵墓群的统一编号，墓葬号分别为M1、M2（销号）、M3、M4、M5、M6、M7、M8、M9、M10、M11、M12、M13②。

2002年底，当地农民在罗仁发东北部的小浪口南坡上部发现了一块石阙顶盖残件。2003年3月6日至5月7日，重庆市文物考古所实施武陵墓群2003年度项目的3000平方米发掘任务。布探方（沟）42个，发掘面积3300平方米（彩版二），清理石阙残件2件，秦汉时期至明清墓葬16座，共出土随葬品400余件。墓葬编号分别为M14、M15、M16、M17、M18、M19、M20、M21、M22、M23、M24、M25、M26、M27、M28（销号）、M29、M30③。

2003年11月6日至2003年12月5日，万州区博物馆与重庆市文物考古所联合组成考古队，对该墓群进行第三次发掘。共布探方5个，完成发掘面积520平方米。清理东汉至六朝的砖室墓4座，出土100余件随葬品。墓葬编号分别为M31、M32、M33、M34④（图二）。

二、工作方法

武陵墓群的勘探、发掘工作严格遵守《田野考古工作规程》的相关要求进行。按照由晚及早逐层揭露的方式进行发掘，遇到墓葬后，则先通过打隔梁、关键柱及扩方等方式确定墓葬范围，对墓口进行绘图、照相后再对其发掘，单位遗物单独存放。发掘全程认真做好文字、绘图、照相、摄像等记录工作，客观、真实地反映出遗存的实际情况。在后期整理工作中还采集了一些具有代表性的各类器物标本送权威科研机构进行科学检测。由于万州境内土质呈酸性，

① 重庆文物考古所、万州区博物馆：《2002年度万州武陵墓群发掘报告》（待刊）。

② 重庆文物考古所：《2003年度万州武陵墓群发掘报告》（待刊）。

③ 重庆文物考古所、万州区博物馆：《2003年度万州武陵墓群发掘报告》（待刊）。

④ 四川省文物管理委员会：《四川涪陵西汉土坑墓发掘简报》，《考古》1984年第4期。

墓葬内人骨架的保存状况普遍很差，加之一线考古人员的工作方法和科研意识尚有所欠缺，未能对墓室内的人骨或动物骨骸进行取样检测，故体质人类学方面的相关资料缺失无疑是这次发掘工作留下的较大遗憾。

三、地层堆积

武陵墓群的地层堆积较简单，发掘区内主要堆积为表土层（第1层）和近现代扰乱层（第2层），少数探方内分布有唐宋时期地层。下面对各层堆积进行介绍（图三）（2002CWLT4）。

第1层，表土层，呈灰褐色，沙性土质，较疏松，夹杂有植物根茎、现代砖瓦残片，一般厚10～35厘米。大部分墓葬开口于第1层下，打破浅黄色生土层。

第2层，近现代扰乱层，呈黑褐色，黏性土质，较疏松，包含物较少，夹杂有近现代青花瓷片、少量唐宋瓷片和汉代灰陶片，厚20～50厘米，这应是唐宋文化层和汉代墓葬被扰乱所致。

第3层，明清淤沙层，呈黄褐色，沙性土质，很疏松，厚10～25厘米，包含物为少量青花瓷片和灰褐色瓦片。

第4层，唐宋层，呈黄黑色，黏性土质，较紧密，厚20～45厘米，包含物为少量青瓷片和灰褐色瓦片。

第4层以下为浅黄色生土层。

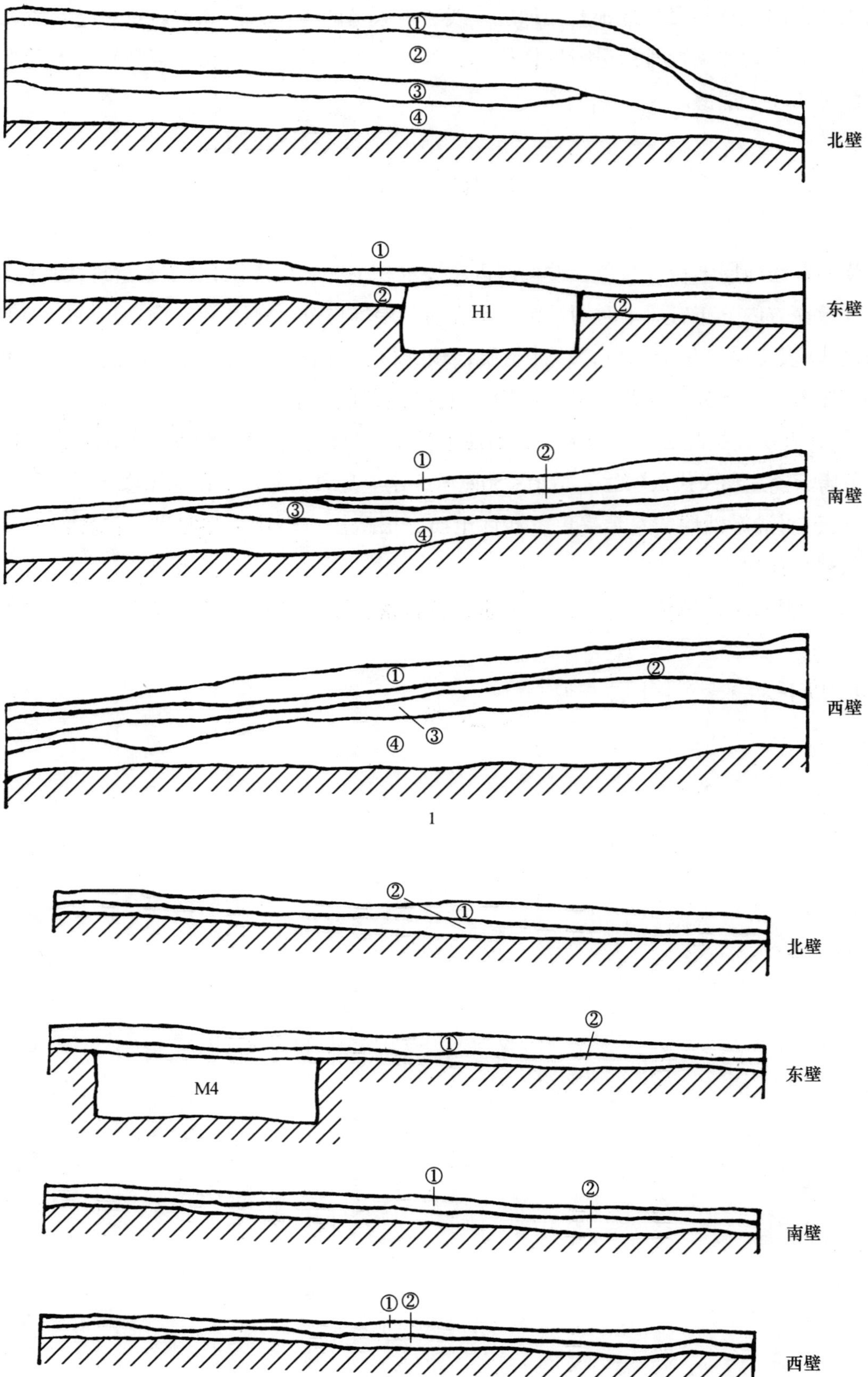

图三 探方四壁剖面图

1. T4四壁剖面图 2. T23四壁剖面图

第二章　战国晚期墓葬

第一节　墓葬分布

属于本期的墓葬有M7、M8二座，分布在墓群东北部，墓向基本一致。墓葬皆开口于第1层下，且均未见封土堆，这应与当地居民历代多次削平山梁进行改土造田的生产活动有直接关系。

第二节　墓葬形制

1. 墓坑形制

均为长方形无墓道竖穴土坑墓，现存墓室深度最浅1.54米，最深2.1米。所有墓葬的墓壁均经过一定程度的修整。所有墓葬墓口、墓底的尺寸基本一致。均无二层台。

2. 墓向

M7墓向为40°，M8墓向为42°（墓向从头向），二座墓的墓向基本一致，且与长江流向（东向）也基本一致。

3. 葬具

M7由于被严重盗扰，葬具不可考。M8内葬具为木质，但因为本地土壤土质酸性较重，故木质葬具皆朽毁，仅存灰白色的板灰痕迹，从板灰痕迹判断M8葬具为单棺，未见木椁痕迹。

4. 葬式

由于土质和后期盗扰等因素的影响，M7内未见人骨架。M8内葬一具人骨架，保存情况较好，葬式为仰身直肢葬，性别为女性，年龄45～50岁。

5. 随葬器物

两座墓葬的随葬器物皆位于墓室北侧。

第三节　墓葬描述

M7　墓向40º，墓口略大于墓底，坑壁近直，墓口距地表深0.35米，墓口长3、宽1.74米，墓底长2.9、宽1.6米，墓深1.54米。墓内填土为青黄色粉砂土，未见骨架及葬具，随葬品位于墓室北部，有一件灰陶圆肩罐，三件灰陶矮柄豆（图四）。

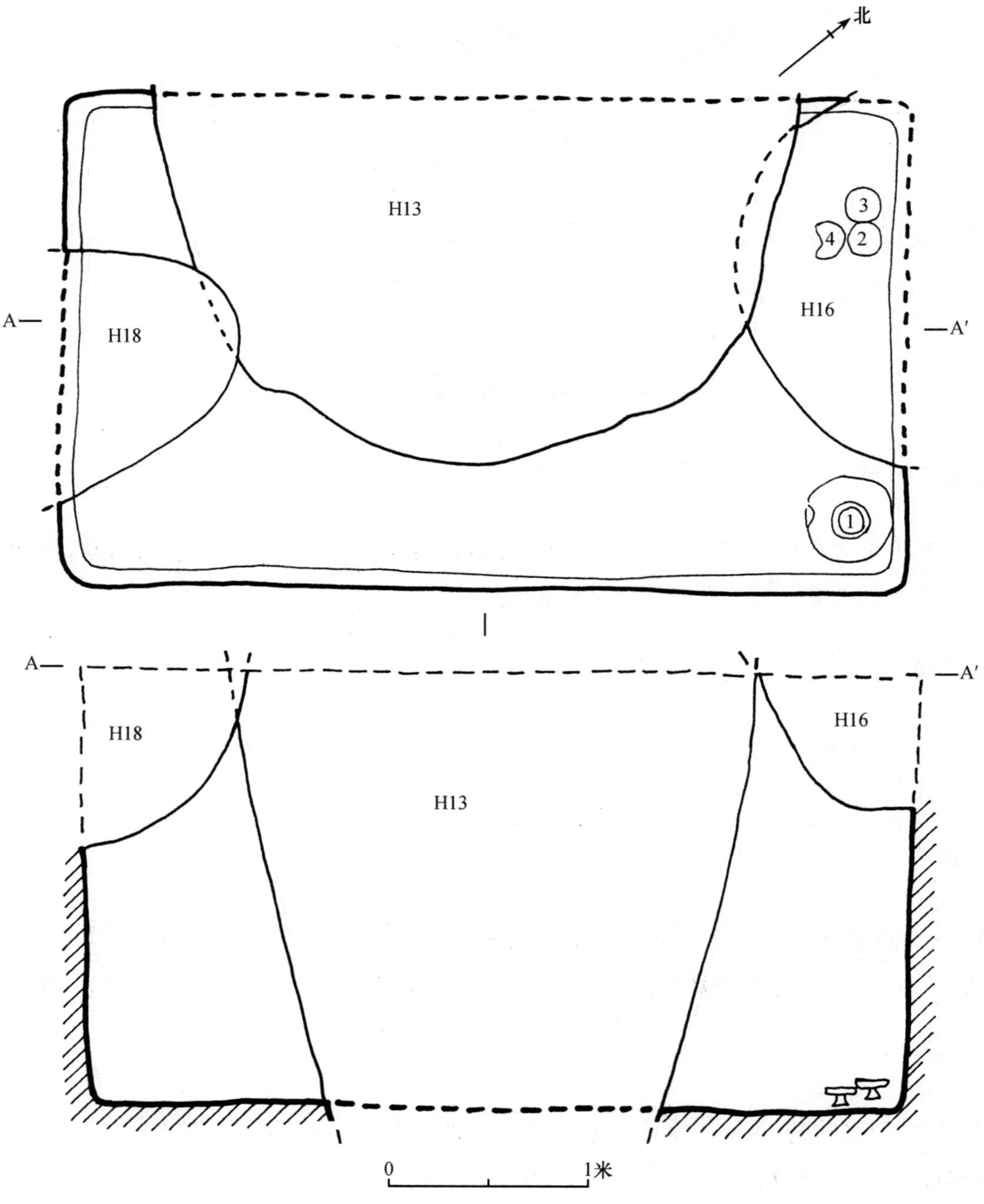

图四　M7平、剖面图
1. 陶罐　2、3、4. 陶豆

陶罐　1件。标本M7：1，泥质灰陶。直口，方唇，矮领，圆肩，斜弧腹，圜底略内凹。肩饰凹弦纹，下腹至底饰交错绳纹。口径15.5、高21厘米（图五，1）。

陶矮柄豆　3件。夹砂黑灰陶。形制皆为敛口，圆唇，斜弧腹，矮柄，圈足，内底心凸起。素面。标本M7：2，口径12.4、足径4.8、高5厘米（图五，2）。标本M7：3，口径13.4、足径5.4、高5.2厘米（图五，3）。标本M7：4，口径12.7、足径4.6、高5.2厘米（图五，4）。

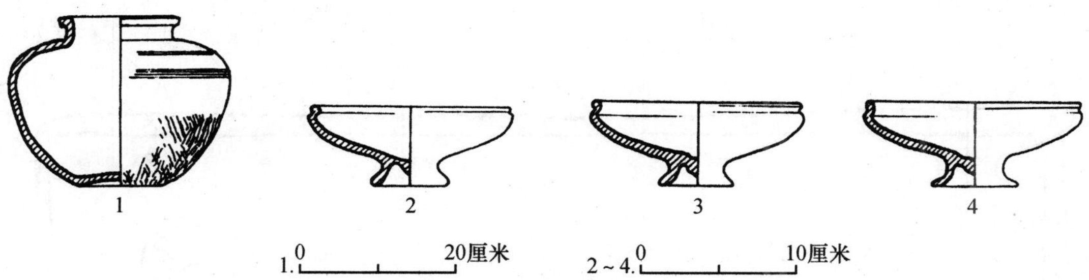

图五　M7出土器物

1. 陶罐（M7：1）　2、3、4. 陶矮柄豆（M7：2、M7：3、M7：4）

M8　墓向42°，墓口略大于墓底，坑壁近直，四壁光滑，墓口距地表深0.5米，墓口长3、宽1.6米，墓底长3.1、宽1.4米，墓深2.1米。墓内填土为青黄色粉砂土，土中含较多料姜石粒，墓内出人骨架一具，保存较好，葬式为仰身直肢葬，头向39°，性别为女性，年龄45～50岁，葬具为单棺无椁，保存较差，仅见棺木朽痕，棺长1.9、宽0.54米，随葬品有陶器两件，在墓室北部，置于头部上方，一件为灰陶圆肩罐，另一件为黑褐陶圜底釜（图六）。

陶罐　1件。标本M8：1，泥质灰黑陶。直口，方唇，矮领，圆肩，圆鼓腹，圜底略内凹。上腹饰横断绳纹，下腹饰交错绳纹。口径15、高21.5厘米（图七，1）。

陶釜　1件。标本M8：2，夹砂黑褐陶。侈口卷沿，圆唇，溜肩，圆弧腹，圜底，底部及下腹有较厚烟炱。饰斜向绳纹。口径15.2、高15.2厘米（图七，2）。

第四节　时代判断与几点认识

本期两座墓葬均为长宽比为2：1的窄长方形竖穴土坑墓，无墓道及椁室，墓向大体一致。发现葬具及骨架的M8为单棺单人仰身直肢葬。两墓的随葬品都置于墓室北部，器物组合分别为豆、B型罐及釜、A型罐，都是三峡地区同期巴人墓葬常见器物，且陶罐风格相近，均为小口，圆腹，凹圜底，故两座墓应为同一时期墓葬。而M8陶釜与涪陵小田溪战国土坑墓出土陶釜（M3：36）完全一致，M7矮柄豆与涪陵黄溪西汉墓出土陶豆貌似神合，墓内无钱币。由此推断墓葬时代为战国晚期至西汉初年。由于墓葬形制较小，结构单一，随葬品较少，故推断两墓应为当时巴人平民墓葬。

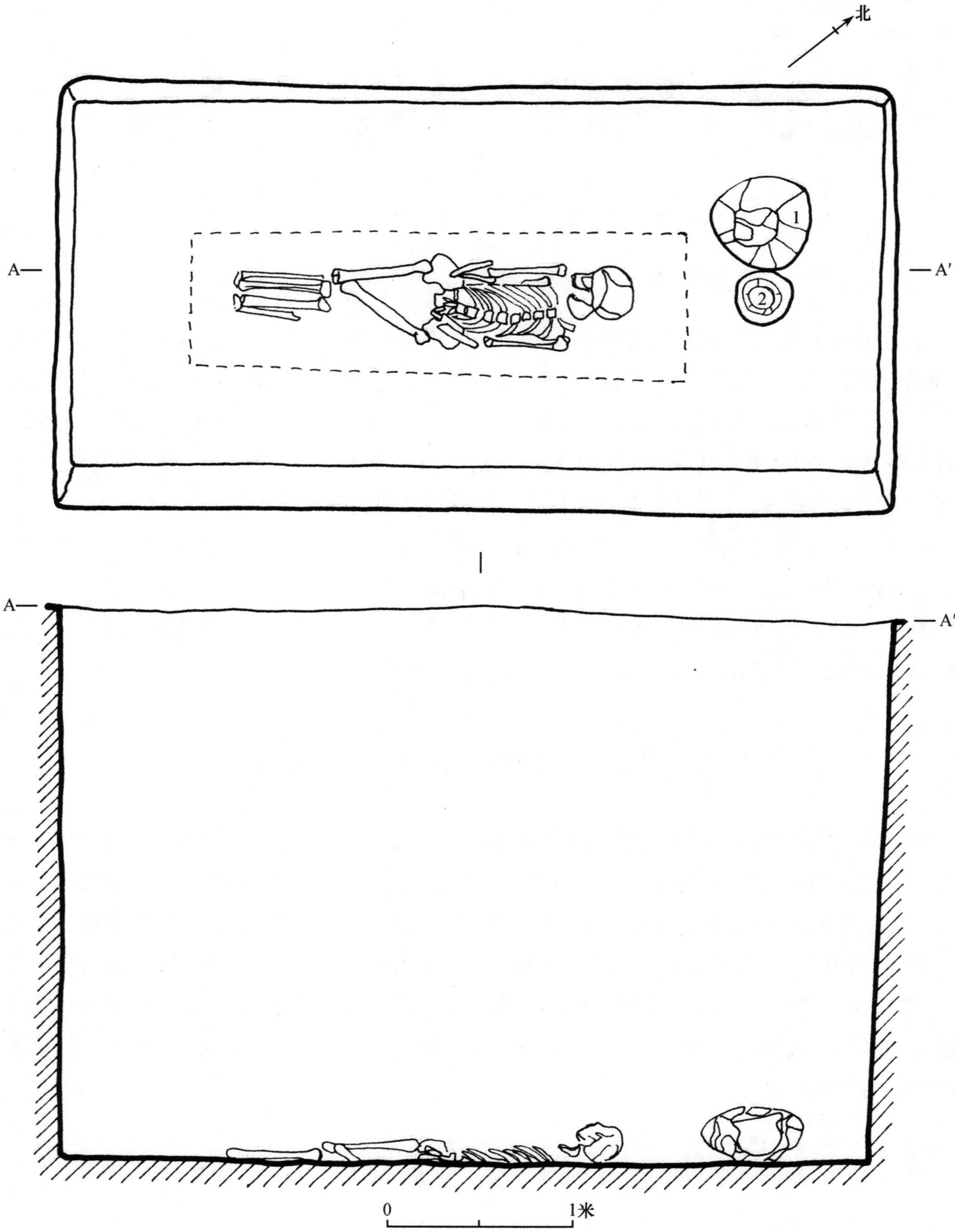

图六　M8平、剖面图
1. 陶罐　2. 陶釜

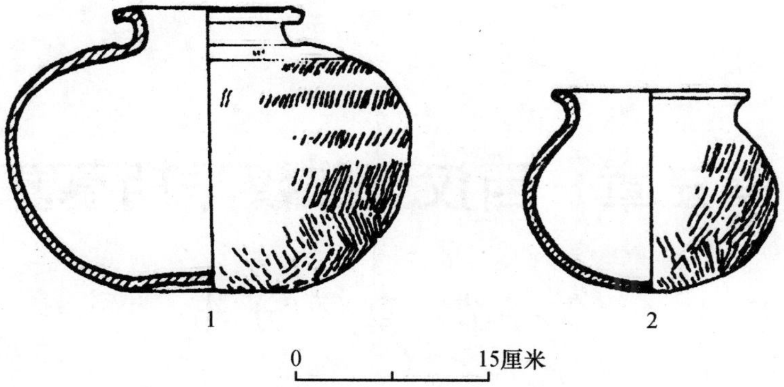

图七　M8出土器物

1. 陶罐（M8：2）　2. 陶釜（M8：2）

第三章　西汉至东汉早期墓葬

第一节　墓葬分布

属于本期的墓葬共5座，墓号分别是M14、M22、M23、M29、M30，位于墓群的东、北部，海拔135～160米的小台地和缓坡上。除M14开口于第4层下外，其余4座墓葬均开口于第2层下，所有墓葬均未见封土堆。

第二节　墓葬形制

1. 墓坑形制

皆为土坑竖穴墓，有窄长方形土坑墓（M14、M29、M30）、宽长方形土坑墓（M22）、甲字形竖穴土坑墓（M23）三种。

2. 墓向

墓向基本与长江流向相同（M14、M23、M29）或者相反（M22、M30）。

3. 葬具

由于土壤的酸碱度和后期盗扰等因素的影响，大部分墓葬内仅见木质葬具朽烂后留下的灰白色木板灰痕迹。

4. 葬式

M22为多人合葬墓，葬式皆为仰身直肢葬；M29为单人墓葬，葬式为仰身直肢葬。其余三座墓葬由于自然和人为因素导致人骨架被破坏，无法辨认其葬式。

5. 随葬器物

M14、M22、M29、M30这四座墓葬的随葬器物大部分置于墓室的南端或者北端；M23由于带有墓道，部分随葬器物置于墓道内，其余器物置于墓室南端。

第三节　墓葬描述

本期墓葬按照墓坑形状可分为三型。

A型　窄长方形土坑墓，3座。

M14　墓向28°。口大底小，有熟土二层台，墓室长330、宽132、距地面120厘米。墓底长270、宽130、墓室深160厘米。二层台高50、南宽16、西宽14、北宽16、东宽30厘米。在墓室中南部有现代盗洞。骨架已全朽无存，仅西北部二层台上残留有木椁痕迹。随葬品放置于木椁内北端，有陶罐、陶豆、半两、漆器等（图八；彩版三）。

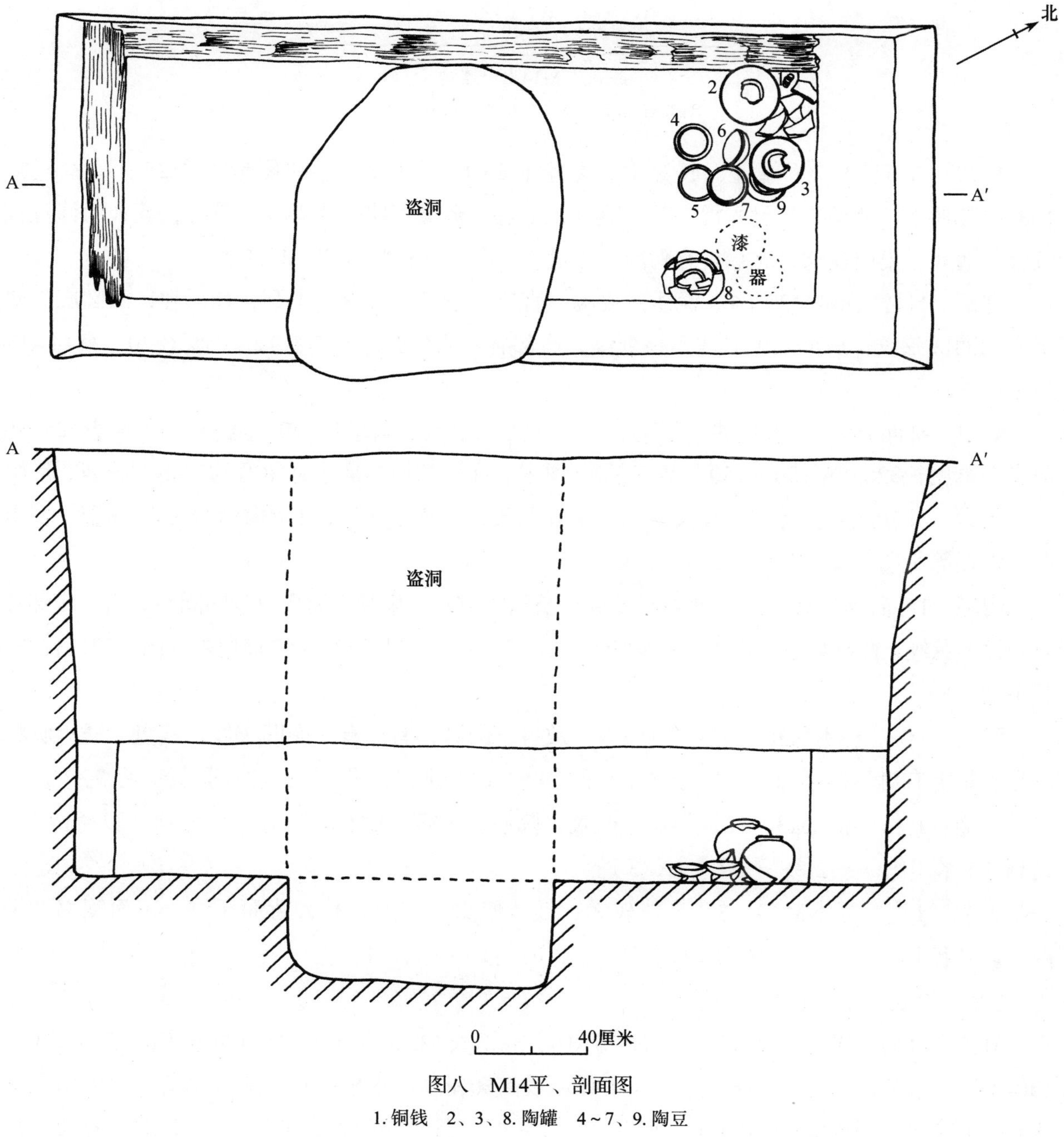

图八　M14平、剖面图
1. 铜钱　2、3、8. 陶罐　4～7、9. 陶豆

陶罐　1件。标本M14：8，泥质灰陶。侈口，卷沿，方唇，束颈，圆折肩，斜弧腹，圆圜底。肩部及腹至底拍印绳纹。口径13、腹径19.4、高13.4厘米（图九，1）。

半两　1枚。标本M14：1，钱体较薄，圆形方孔，背面无纹，正面篆书“半两”。外径1.8、孔径0.9、厚0.1厘米（图九，2）。

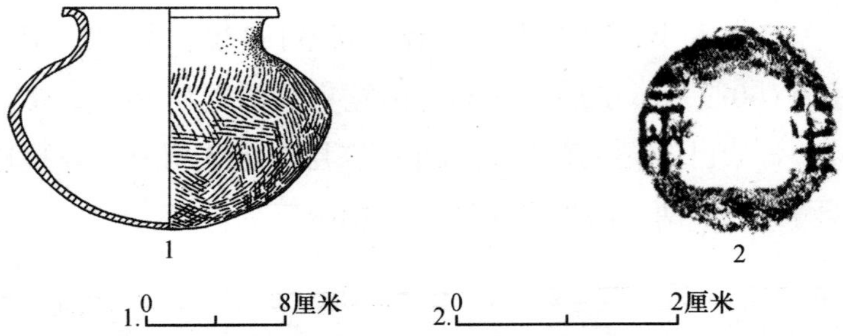

图九　M14出土器物

1. 陶罐（M14：8）　2. 半两（M14：1）

M29　墓向34°。墓口、底等大，墓室长280、宽158、墓口距地表深25、墓室残深100～120厘米。墓壁平直且光滑，无工具加工痕迹。葬具不明，骨架保存较好，葬式为仰身直肢葬。随葬品集中在墓室北端，有陶罐、漆盘等（图一〇；彩版四，1、2）。

陶罐　1件。标本M29：1，泥质黑皮陶。直口，折沿，方唇，束颈，球形腹，凹圜底。肩部有两圈凹弦纹，肩部之上有浅菱格划纹，腹部有一圈凹弦纹。口径12.4、腹径20、高14.4厘米（图一一）。

M30　墓向350°。墓口略大于墓底，有生土二层台，墓口长370、宽160、距地表12～60厘米。墓底长326、宽130～150、墓室深104厘米。在距墓口34厘米处留宽约20厘米的椭圆形生土二层台，高70厘米。葬式、葬具不明。随葬品放置于墓室北端，有陶罐、陶豆、铜鍪、“半两”铜钱等（图一二；彩版四，3、4）。

陶罐　1件。标本M30：1，夹细砂灰陶。折沿，方唇，束颈，球形腹，凹圜底。肩、腹部各有两道凹弦纹，腹部以下至底拍印斜向粗绳纹。口径14.4、腹径28、高20.8厘米（图一三，1；彩版一七，1）。

陶豆　1件。标本M30：4，泥质黑陶。敛口，圆唇，唇外有一圈凹弦纹。浅盘，矮喇叭状圈足。足上有对称四个凹槽。口径12.4、足径4.8、高4.8厘米（图一三，2；彩版一七，2）。

铜鍪　1件。标本M30：2，侈口，鼓腹，圜底，上腹一侧有环形耳。口径14、腹径19.2、高14.4厘米（图一三，3；彩版一七，3）。

半两　1枚。标本M30：3，形体较大，钱体厚重，圆形方孔，背面无纹，正面篆书“半两”。外径3、孔径0.6、厚0.3厘米（图一三，4；彩版一七，4）。

B型　宽长方形土坑墓，1座。

M22　墓向200°。墓上口长384、宽316、底部长322、宽260、墓口距地表深55、墓残深120厘米。墓壁加工痕迹不详。椁长宽不详，残高60厘米，木棺已朽，痕迹不清。椁内由东向西有五具骨架，均为仰身直肢葬，其中第1、2、4、5具头向朝南，第3具头向朝北。骨架保存较好，其中第1、2、3具骨架四肢、头骨、牙齿、肋骨保存较好，第4、5具骨架四肢骨、头骨

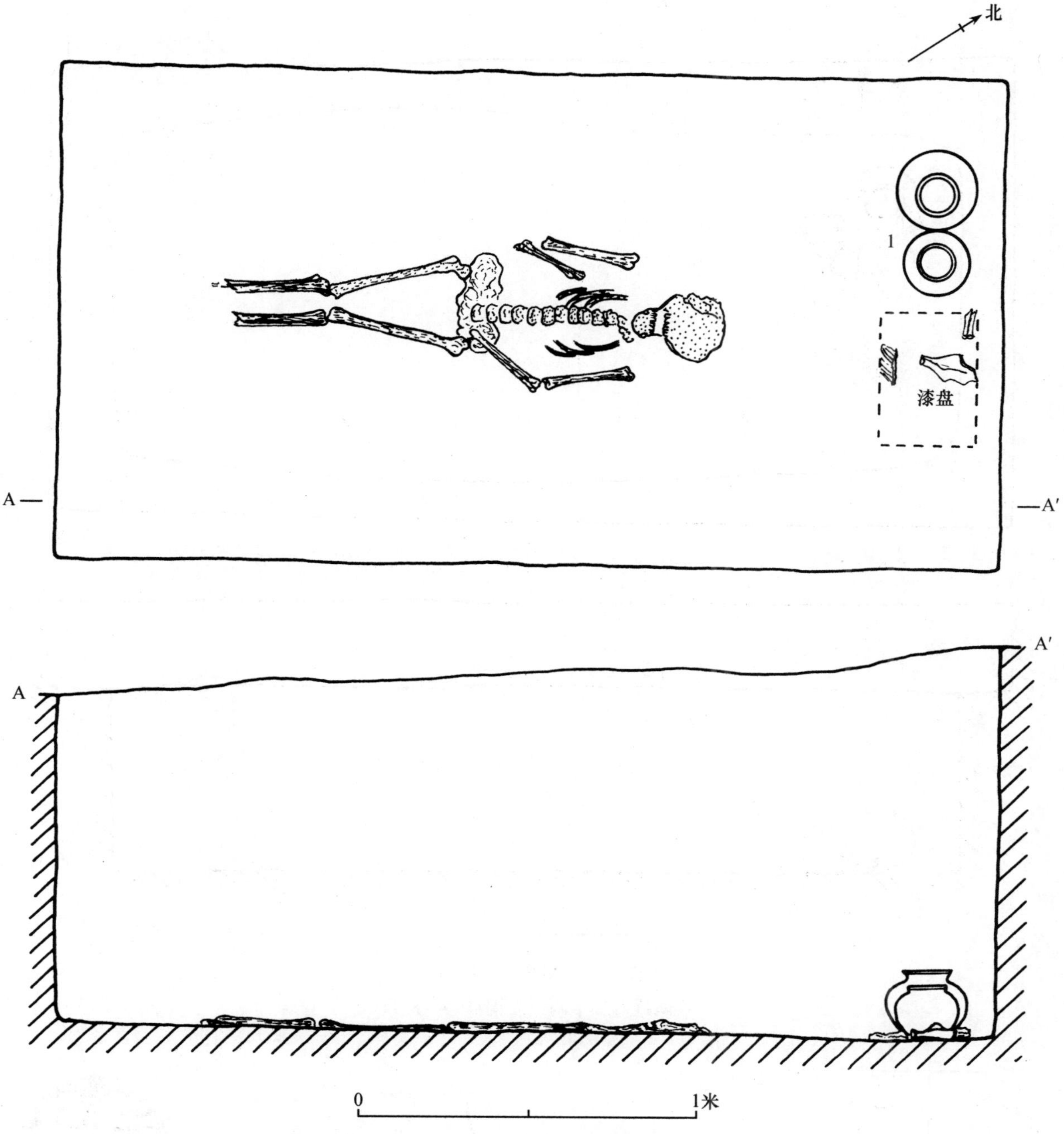

图一〇　M29平、剖面图

1. 陶罐

图一一　M29出土陶罐（M29：1）

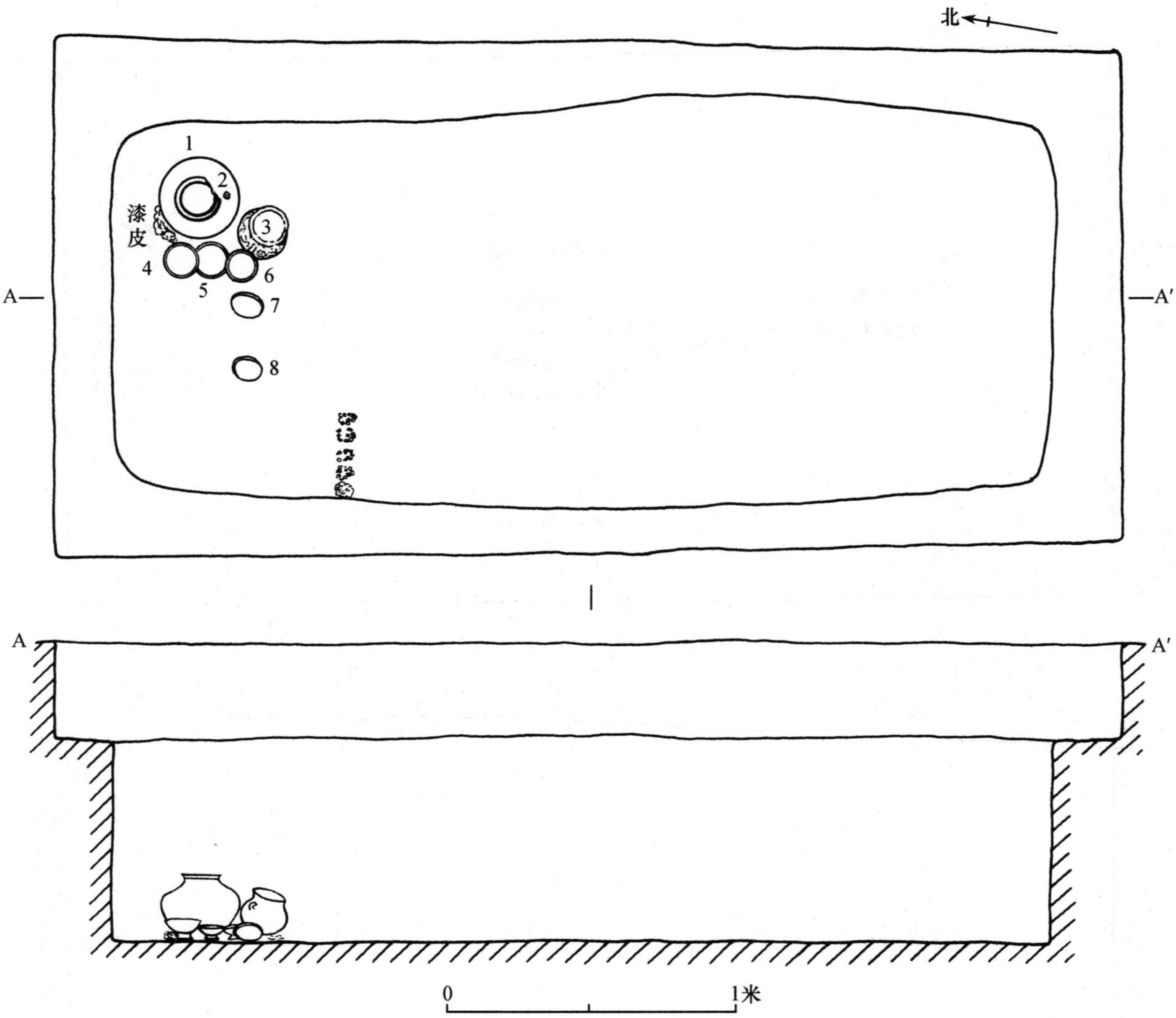

图一二　M30平、剖面图

1. 陶罐　2. 半两　3. 铜鍪　4～8. 陶豆

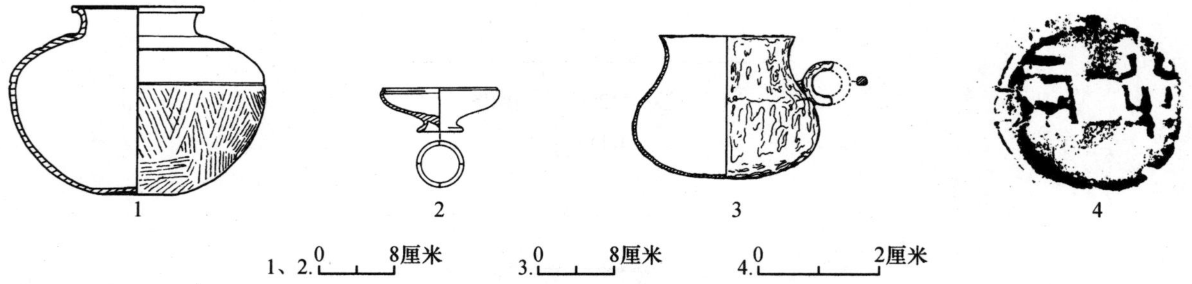

图一三　M30出土器物

1. 陶罐（M30：1）　2. 陶豆（M30：4）　3. 铜鍪（M30：2）　4. 半两（M30：3）

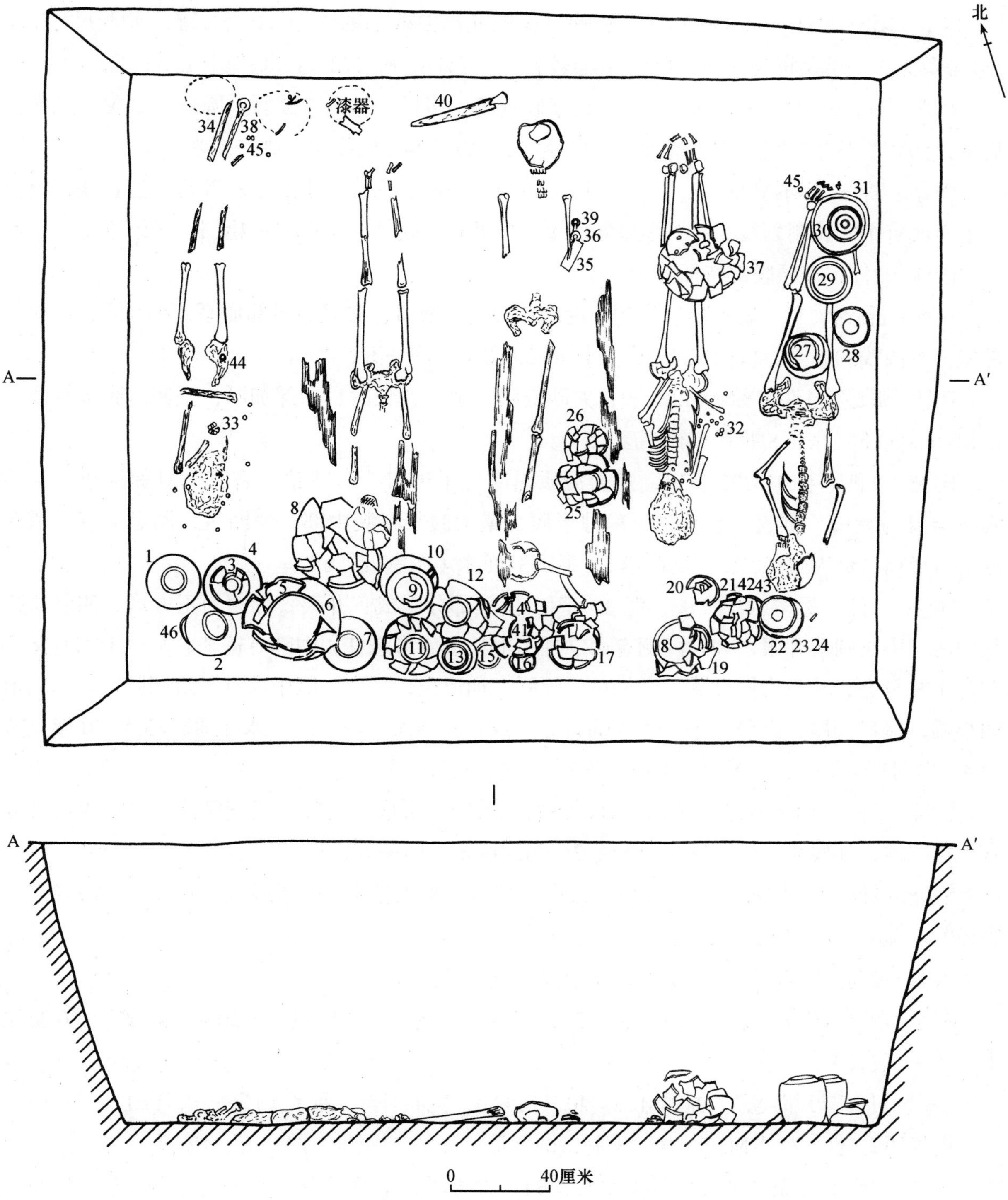

图一四　M22平、剖面图

1、2、4、7、11～14、19、25、27、29.陶罐　3、9、15、16、18、20～24、26、28、30、41～43、46.陶钵　5.陶甑　6.铁釜　8、31.陶盆　10.铜錾　17.陶井　32、33、45.铜钱　34.骨刀　35.石片　36.石研子　37.陶锺　38～40.铁刀　44.银指环

已腐朽。根据牙齿推断，第1、2、3具骨架年龄在35～45岁之间，性别不详。随葬品主要集中在南部，有陶罐、陶盆、陶钵、陶锺、陶井、铜錾、铁釜、铁刀、银指环、玉尺、石黛板子与石研子，货泉等（图一四；彩版五）。

陶罐　2件，按照底部形态分为二型。

A型　圜底，1件。标本M22：7，夹细砂灰陶。折沿尖唇，束颈，折肩，斜弧腹，口腹尺寸比变小，圆圜底。肩部及腹至底拍印绳纹。体态较肥。口径11.8、腹径22、高13.8厘米（图一五，1）。

B型　平底，1件。标本M22：2，夹细砂灰陶。侈口，卷沿，圆唇，圆肩，鼓腹，平底。肩部饰凹弦纹及竖向绳纹。体型矮胖。口径11.2、腹径24、底径14、高17厘米（图一五，2）。

陶盆　1件。标本M22：8，夹砂灰陶。折沿，圆唇，深腹，平底。腹部有一道折棱，腹部以下至底有细密轮制划纹，并有零星戳印纹，口径36、底径18.4、高20.4厘米（图一五，3）。

陶钵　2件，按照腹部特征分为二型。

A型　折腹，1件。标本M22：20，泥质灰褐陶。敞口，尖唇、唇部加厚，小平底，内腹下部壁上有浅浅的划纹。口径12.4、底径4、高5.8厘米（图一五，4）。

B型　弧腹，1件。标本M22：9，夹砂灰陶。敞口，尖唇、唇部加厚，平底。腹部较浅。口径16、底径6、高5.8厘米（图一五，5）。

陶锺　1件。标本M22：37，盖为泥质黑陶，子母口，穹窿顶，有三个对称锥纽。灰胎陶。器身为盘口，方唇，粗长颈，扁球形腹，最大腹径在腹中部，矮圈足，圈足上有一道凹棱。口径14、最大腹径27.2、足径17.2、通高34厘米（图一五，6）。

陶井　1件。标本M22：17，泥质灰陶。由三部分组成：井架，形制为正方形，四隅作弧状内凹，中央圆形井眼，井口两侧有两立柱，上架山字形悬杆，中部有辘轳，平台下部有圆座套合于井身上；井身为筒形罐，子母口，圆唇，桶形腹，平底，腹中部有一道凹弦纹；水桶形如小罐，侈口圆唇，鼓腹，平底。盖面刻划鱼纹、菱格纹、枝草纹。水井通高33.4、井架长宽24.4、井身腹径19.2、水桶口径4.4、高5厘米（图一五，7）。

铜鍪　1件。标本M22：10，侈口，方唇，鼓腹，圜底。器腹，底壁极薄。肩、腹结合处有一宽凹槽，耳残缺。口径18.8、腹径22、高20厘米（图一五，8）。

铁釜　1件。标本M22：6，敛口，方唇，鼓腹，平底较小，体形较大。口径24、腹径37、底径9.6、通高26.8厘米（图一五，9）。

铁刀　2件。锐刃，厚背，环首。根据刃宽分二型。

A型　8件。刃部较窄。标本M22：38，刃宽大于茎宽，体较短。长26.4、宽1.9、厚0.35厘米（图一五，10）。

B型　1件。刃部较宽。标本M22：40，长42.4、宽4、厚0.4厘米（图一五，11）。

银指环　1件。标本M22：44，手制，圆环形。环径2.2厘米（图一五，12）。

玉尺，2件。长条形薄片。标本M22：34，青玉质，呈鸡骨白色。一端有小圆孔。长23、宽1.7、厚0.4厘米（图一五，16）。

石黛板与石研子　1套2件。石黛板，标本M22：35，与石研子配套使用。长方体薄片，青灰色页岩制作。长12.5、宽5.8、厚0.3厘米（图一五，13）。石研子，标本M22：36，台形纽，纽上浮雕动物纹饰，正方形底座，使用面平整，光滑。纽径3、底座径3.2、高1.4厘米（图一五，14）。

货泉　1枚。标本M22：32，圆形方孔，有内外廓，正面篆书“货泉”四字。径2.1、孔径0.7、厚0.1厘米（图一五，15）。

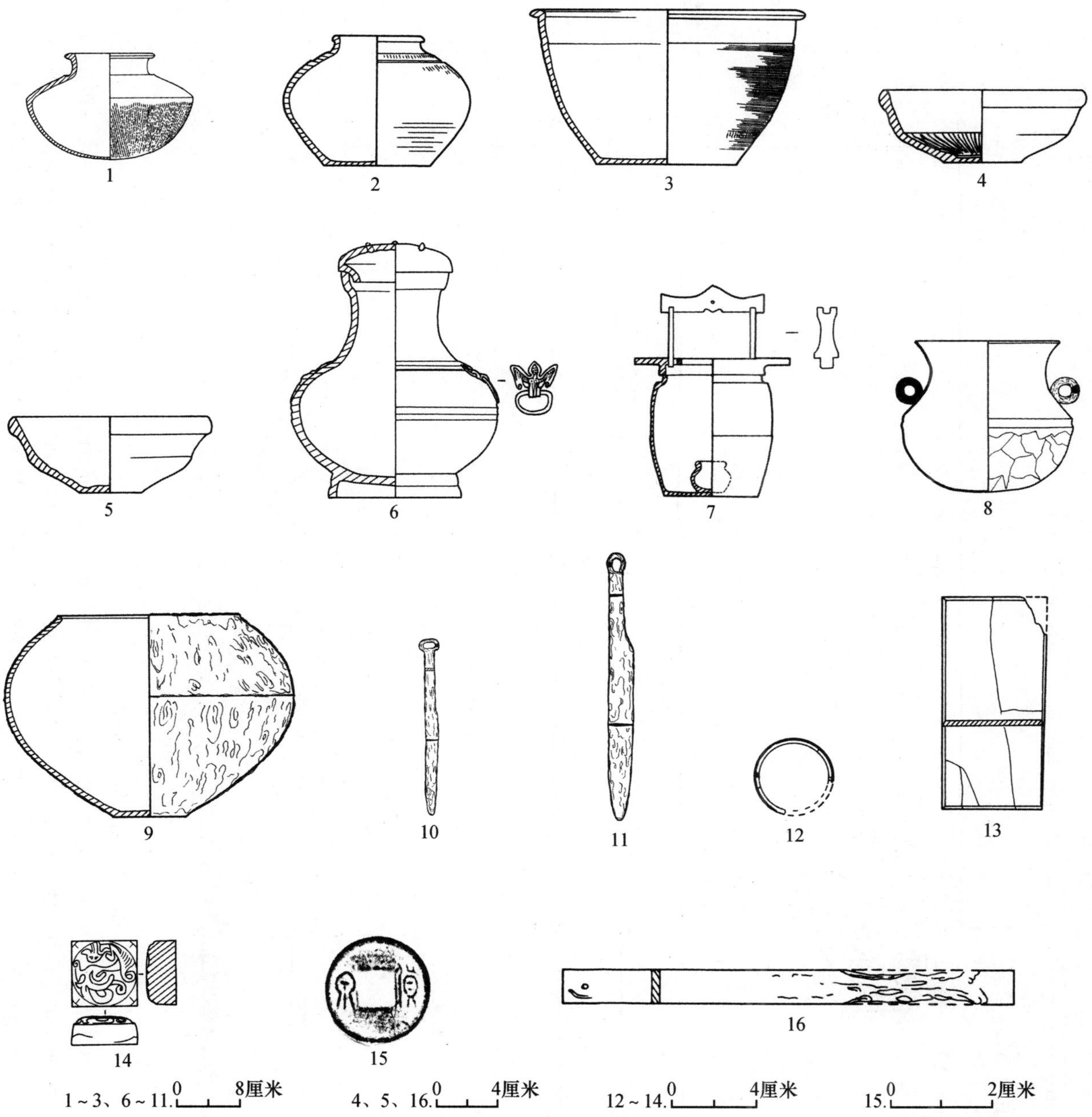

图一五　M22出土器物

1.A型陶罐（M22：7）　2.B型罐（M22：2）　3.陶盆（M22：8）　4.A型陶钵（M22：20）　5.B型陶钵（M22：9）　6.陶锺（M22：37）　7.陶井（M22：17）　8.铜鍪（M22：10）　9.铁釜（M22：6）　10.A型铁刀（M22：38）　11.B型铁刀（M22：40）　12.银指环（M22：44）　13.石黛板（M22：35）　14.石研子（M22：36）　15.货泉（M22：32）　16.玉尺（M22：34）

C型　凸字形土坑墓，1座。

M23　由墓道、甬道、墓室三部分组成，墓向35°。墓口距地表20～40厘米，墓道呈长方形斜坡状，长260、宽220、深160～236厘米。甬道为长方形，长360、宽220、深280厘米。墓室接近正方形，长420、宽390、深280厘米。墓室两侧有熟土二层台，长420、宽50、高75厘米。墓壁光滑，甬道和墓室底部铺一层黄沙土。尸骨无存，其葬式、葬具不明。在墓室和甬道共随葬有陶罐、陶盆、陶钵、陶甑、陶釜、陶勺、陶鼎、陶锺、陶井、陶盘、陶博山炉、陶灯、陶卮、陶魁、陶盒、铜釜、铜漆卮饰件、铜洗、铁削、玉尺、五铢、大泉五十等（图一六）。

图一六　M23平、剖面图

1、9、45、48、50、103.铜钱　2.铜釜　3、44、58.陶勺　4、5、53.陶魁　6、46、47.陶锺　7、92、124.铁削　8、16、107、108、110、111、121～123、125.陶盒　10、75、96.陶博山炉　11、14、21～23、28、29、31、34、36、37、42、52、54～57、59～64、69、70、73、74、77、80～83、86～89、93、98～100、102、105、118～120、129～136、142.陶钵　12、26、30、32、33、35、65～68、72、76、78、79、84、85、91、94、97、101、104、106、109、112～117、128、137～141.陶罐　13. 陶水井　15.陶鼎　17、20、24、25、51、90、95.陶盆　18.铁釜　19.陶甑　27、127. 陶卮　38、43.铜鍪　39.铜漆卮饰品　40、49.陶灯　41.铜洗　71.玉尺　126.陶盘　143.陶豆

陶罐　7件，根据整体特征分四型。

A型　1件，圜底罐。标本M23：67，夹细砂灰陶。敛口，圆唇，桶形腹，圜底。颈肩结合处微凹。肩部、腹部各有三道凹弦纹。口径15.2、腹径30.8、高21.2厘米（图一七，1）。

B型　2件。折肩罐，平底。根据口部形态分为二亚型。

Ba型　1件。直口，体形较小。标本M23：115，夹细砂灰陶。折沿，尖唇，颈较高，弧腹。口径11.6、底径10、高11.2厘米（图一七，2）。

Bb型　1件。敛口，体形较大。标本M23：109，夹细砂灰陶。圆唇，短领，广肩，鼓腹。腹部首先压制竖向绳纹，再压制出凸印的菱形纹。口径18.4、底径15.2、高20.4厘米（图一七，3）。

C型　4件。圆肩罐，鼓腹，平底。根据口部形态分三亚型。

Ca型　1件。侈口，卷沿，圆唇，大平底，体型矮胖。标本M23：91，夹细砂灰陶。球形腹，形体较矮。肩部有三道凹弦纹，其间有磨光划纹。口径12、腹径32、底径21.6、高20.4厘米（图一七，4）。

Cb型　1件。敛口，圆唇，底径略大于口径，体型较胖。标本M23：35，夹细砂灰陶。肩部有一道凹弦纹。口径11.2、腹径23.2、底径13.6、高16.2厘米（图一七，5）。

Cc型　1件。直口，卷沿，圆唇，束颈，腹略呈桶形，平底。标本M23：104，夹细砂灰陶。颈部有三角形划纹，肩部有菱形划纹，腹部有竖向划纹。口径12.4、腹径18、底径12.4、高16厘米（图一七，6）。

D型　1件。筒形罐，形制为敛口或子母口，方唇，短颈或无颈，平折肩，桶形腹，平底。部分兼具仓或井筒之类模型明器的功能。标本M23：117，泥质灰陶。最大径在腹部。口径12.8、底径13.2、高17.2厘米（图一七，7）。

陶盆　9件。按照腹部形态分为二型。

A型　5件。浅腹。按照腹部形态分二式。

Ⅰ式：3件。圆弧腹。标本M23：25，泥质红胎，表面施酱黄釉。方唇，腹部有两对称环耳。口径24.8、底径12.8、高11厘米（图一七，8）。标本M23：41，泥质红胎，表面施酱黄釉。方唇。腹上部有三道凹弦纹，有对称两个铺首衔环纹。口径21.6、底径12.8、高8.6厘米（图一七，9）。标本M23：51，夹砂黑皮陶。圆唇，平底内凹。口径27.2、底径13.6、高10.8厘米（图一七，10）。

Ⅱ式：1件。折弧腹。标本M23：17，泥质黑皮陶。口径28.4、底径15.2、高7.8厘米（图一七，11）。

B型　1件。深腹，折沿，平底。标本M23：95，腹部较浅，夹砂灰陶。尖唇。腹部有一圈附加堆纹。口径23.2、底径12、高12厘米（图一七，12）。

陶钵　3件，均为敞口，尖唇、唇部加厚，小平底，根据腹部特征分为二型。

A型　1件。折腹。标本M23：69，夹砂灰陶。腹部缓折，下腹略外鼓。内底凹陷，中部凸起。口径12.4、底径4、高5厘米（图一七，13）。

B型　2件。敞口，弧腹，平底。根据体形大小及腹部情况分二亚型。

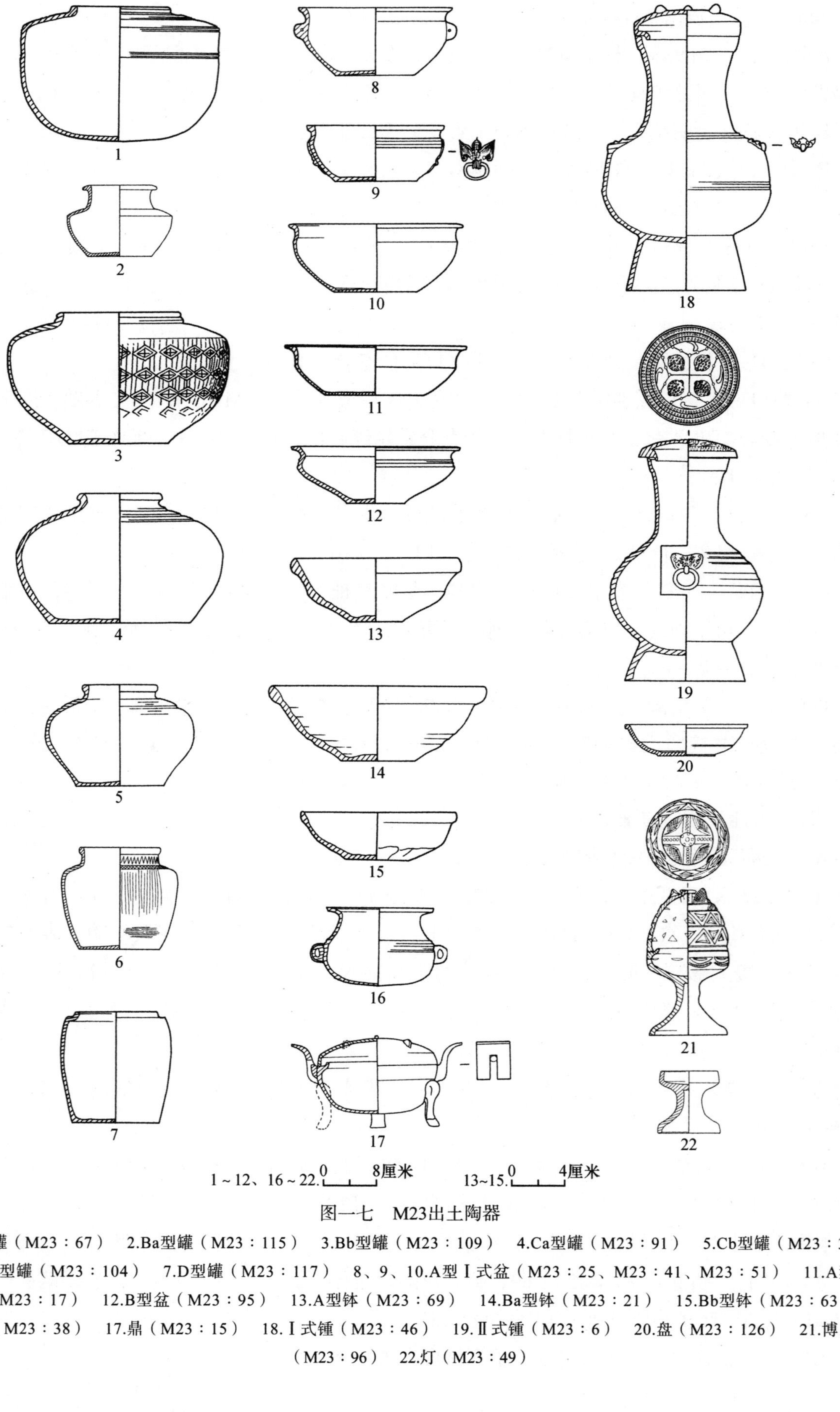

图一七　M23出土陶器

1.A型罐（M23：67）　2.Ba型罐（M23：115）　3.Bb型罐（M23：109）　4.Ca型罐（M23：91）　5.Cb型罐（M23：35）　6.Cc型罐（M23：104）　7.D型罐（M23：117）　8、9、10.A型Ⅰ式盆（M23：25、M23：41、M23：51）　11.A型Ⅱ式盆（M23：17）　12.B型盆（M23：95）　13.A型钵（M23：69）　14.Ba型钵（M23：21）　15.Bb型钵（M23：63）　16.釜（M23：38）　17.鼎（M23：15）　18.Ⅰ式锺（M23：46）　19.Ⅱ式锺（M23：6）　20.盘（M23：126）　21.博山炉（M23：96）　22.灯（M23：49）

Ba型　1件。弧腹较直。标本M23：21，泥质灰陶。口径16.4、底径5.6、高6厘米（图一七，14）。

Bb型　1件。深弧腹，下腹有刀削痕迹。标本M23：63，夹砂灰陶。底部有旋削和切削痕，制作较粗糙。口径12、底径4.8、高3.8厘米（图一七，15）。

陶釜　1件。标本M23：38，泥质红陶，器表施酱黄釉。卷沿，鼓腹，圜底。沿面上有一圈折棱，腹上有对称两环耳，并有三圈凹弦纹。口径17.2、腹径17.6、高12.4厘米（图一七，16）。

陶鼎　1件。标本M23：15，泥质红胎，表面施酱黄釉。盖为拱顶，上有三个对称半圆形纽，方唇。身为子母口，腹较浅，圜底，腹上有对称两个附耳及三个蹄足，蹄足较矮。口径20.8、高15.8厘米（图一七，17）。

陶锺（壶）　2件。泥质红陶，器表施酱黄釉。盘口，方唇，鼓腹，圈足。肩、腹有凹弦纹，两组弦纹之间有对称的衔环铺首。身、足分别轮制后拼合。依腹部和足部的变化分二式。

Ⅰ式：1件。颈部较粗长，球形腹，最大腹径在腹上部，高圈足。标本M23：46，泥质红胎，表面施酱黄釉，基本剥落。有盖，盖为子母口，拱顶，顶部有三个锥形纽。口径16、最大腹径26.4、足径18.4、通高45厘米（图一七，18）。

Ⅱ式：1件。最大腹径在腹中部。标本M23：6，泥质红胎，表面施酱黄釉。盖为拱顶，子母口，上有浅浮雕纹饰。细长颈，球形腹，高圈足，足壁斜直。口径12.8、最大腹径23.6、足径18.8、通高38厘米（图一七，19）。

陶盘　1件。标本M23：126，泥质红胎，表面有酱黄釉。折沿，方唇，弧腹，平底（假圈足）。口径19、底径9、高5.2厘米（图一七，20）。

陶博山炉　1件。标本M23：96，泥质红胎，器表施酱黄釉。盖为半圆球形。下有两层三角形镂孔，上一层为莲蓬状，有圆形戳印纹。盘部有月牙形镂孔及刻纹。炉身为子母口，浅盘，喇叭形足。口径12、足径12、高22.4厘米（图一七，21）。

陶灯　1件。标本M23：49，泥质红胎，表面施酱釉，已经剥落。敛口，方唇。均为浅盘，柱状柄，喇叭口足。口径8.8、足径9.6、高9.6厘米（图一七，22）。

陶卮　1件。标本M23：27，泥质红陶，表面施酱黄釉。直口，方唇，筒形腹，平底，底上有三个乳丁形足，一侧有鋬手。口径10、底径10、高8.7厘米（图一八，1）。

陶魁　1件。泥质红陶。圆唇，敞口，弧腹。依底部特征分二型。

A型　1件。平底，有一龙头形柄，刻有角及圆形鳞片。标本M23：4，表面施青绿釉。口径17.4、底径10、高10.8、长25厘米（图一八，2）。

B型　2件。内外均施酱黄釉，器外只施到腹部。一侧有柄，矮圈足。标本M23：5，口径19.2、足径11.2、高10.2、长28.4厘米（图一八，3）。

陶盒　2件。依整体形态分为二型。

A型　小型，1件。盒盖为方唇直口，穹窿顶。盒身为子母口，圆唇，圜底。标本M23：107，泥质红胎，表面有酱黄釉。口径9.6、通高6.2厘米（图一八，4）。

B型　大型，1件。泥质红胎，表面施酱黄釉，大部分剥落。盖为直口，方唇，深腹，圈足。腹部上、下各有两道凸棱。身为子母口，圆唇，深腹，圈足。腹部有两道凸棱。标本M23：125，口径18.4、通高16.2厘米（图一八，5）。

铜釜　1件。侈口，方唇，鼓腹，圜底。器腹，底壁极薄。标本M23：2，肩部有两瓣索式环耳。口径22.8、腹径23.6、残高13.8厘米（图一八，6）。

铜漆卮饰件　1件。M23：39-1，呈“α”形。长5.1厘米（图一八，7）。

玉尺　1件。标本M23：71，长方形，一端有穿孔，青玉质。长23、宽1.8、厚0.3厘米（图一八，10）。

五铢　75枚。圆形方孔，有内外廓，正面篆书“五铢”。标本M23：103，钱文五字两交笔斜直，铢字金头较大。外径3、孔径0.6、厚0.3厘米（图一八，8）。

大泉五十　54枚。标本M23：9，圆形方孔，有内外廓，正面篆书“大泉五十”四字。径2.6、孔径0.9、厚0.2厘米（图一八，9）。

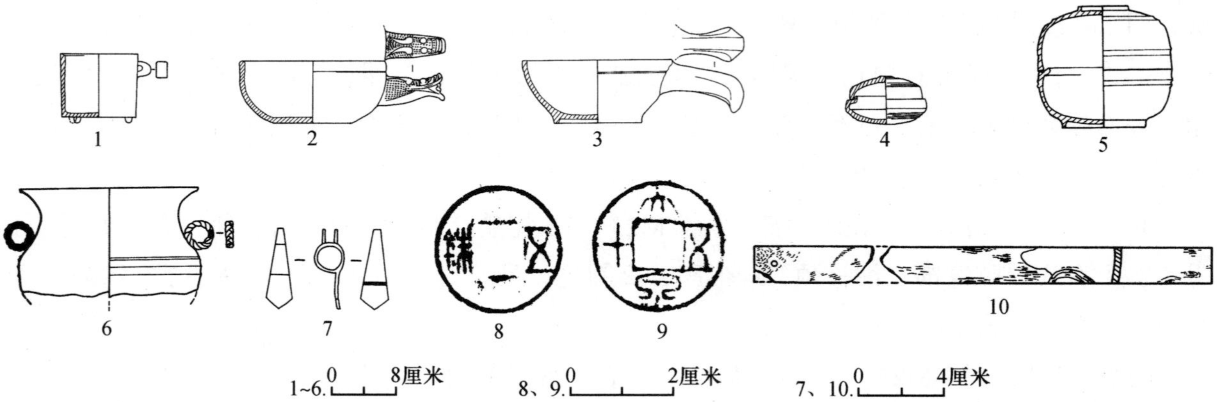

图一八　M23出土陶器、铜器、玉器

1.陶卮（M23：27）　2.A型陶魁（M23：4）　3.B型陶魁（M23：5）　4.A型陶盒（M23：107）　5.B型陶盒（M23：125）　6.铜釜（M23：2）　7.铜漆卮饰件（M23：39-1）　8.五铢（M23：103）　9.大泉五十（M23：9）　10.玉尺（M23：71）

第四节　时代判断与几点认识

本期五座墓葬根据叠压、打破关系、形制、器物型式组合，可以分为两段。

第一段：西汉早期，属于此期的墓葬有3座（M14、M29、M30），均为窄长方形竖穴土坑墓，无墓道及椁室，墓向大体一致，均为顺江而葬。随葬品都置于墓室北部，器物组合分为豆、Aa型罐及釜、Ab型罐，都是三峡地区战国晚期以后巴人墓葬常见器物，部分墓内发现有汉初半两钱。由此推断这批墓葬时代为西汉初年，墓主应为当时巴人平民墓葬。

第二段：西汉中晚期至东汉早期，属于此期的墓葬有2座（M22、M23），墓葬类型为长方形或甲字形竖穴土坑墓葬。随葬品数量较多，灰陶器占很大比重，常见器型有罐、盆、甑、钵等，低温釉陶器和模型器开始出现。钱币除少量货泉、大泉五十外，大多为东汉五铢，钱质精良，制作较好。

经西北大学文化遗产学院对M22出土的玉尺M22：34进行检测表明：加工边缘光滑，结构致密，有少量褐色土壤侵蚀痕迹，红色和蓝色侵蚀可能与玉刀存放周围文物有关，红色为连续性侵蚀，蓝色交错紫色部分，呈横纵交织的平纹结构；X荧光分析含钙量78.96%，含磷量为20.82%，铅含量和铁含量较低。西北大学文化遗产学院对M22出土的玉尺M22：71进行检测表明：加工部分较为致密，朱红色附着物，可能是在埋藏过程与侵蚀形成；腐蚀残损断面呈网状结构，骨质有机物质流失严重，只残存无机框架结构，局部有霉斑侵蚀痕迹；X荧光分析钙61.3%和铁38.03%（附录一）。

第四章　东汉中晚期墓葬

第一节　墓葬分布

本期墓葬共16座，它们是M3、M4、M5、M6、M9、M10、M13、M15、M16、M19、M21、M25、M26、M27、M31、M34。主要位于发掘区的东北部，西部和南部有少量分布。墓葬分布在海拔为145～175米的台地和缓坡上，分布无明显规律，均未见封土堆。

第二节　墓葬形制

1. 墓室形制

除M9为石室券顶墓外其余墓葬均为砖室券顶墓，有“刀”形和“凸”字形两种。墓室前端基本都带有长方形或半圆形斜坡墓道。由于二十世纪改土造田和近年来农村基建等因素的影响，本期墓葬遭到较严重的破坏重，除M4外其余墓葬的券顶基本垮塌或消失，很多墓葬仅存四到五层壁砖，部分墓底铺地砖被起取做他用，现存墓室深度0.72～1.92米。

2. 墓向

墓向大致分为三种：M10、M13、M15、M16这4座墓的墓向与长江流向相反，M3、M5、M6、M19、M21、M25、M26、M31、M34这9座墓墓向与长江流向基本一致，M4、M9、M27这3座墓的墓向则朝向长江。

3. 葬具

所有墓葬的葬具均为木棺，有部分棺木表面髹朱漆，但因土质酸碱度和湿度及人类活动等因素的影响皆腐朽严重，仅存板灰和漆皮痕迹及铁质棺钉残片。

4. 葬式

由于土壤酸碱度、湿度尤其是人类扰动的影响，大部分墓葬内人骨架都朽成残片或粉末，无法辨认葬式。

5. 随葬器物的位置

本期墓葬的随葬器物较多，大部分置于甬道内和墓室前后端，墓室中部很少。

第三节　墓葬描述

本期16座墓葬由于后期扰动，M10墓室结构被严重破坏，形制不清（彩版六，1），其余15座墓葬按照墓坑形状可分为二型。

A型　“凸”字形，共7座。

M3　墓向18°。由有墓室、甬道及墓道三部分组成。墓室长5、宽2.52、残高0.88米；甬道位于墓室前方，长2.4、宽1.55、残高0.55米；墓道呈长方形，位于甬道前方，残长0.6、残宽0.65、残高0.55米。墓壁用车轮纹墓砖错缝平砌而成；墓底用素面墓砖平铺而成；券顶基本垮塌，仅墓室残存由5块榫卯结构“富贵”纹子母墓砖砌成的券顶残部。墓室被扰乱破坏严重，在扰土内发现大量陶俑、陶马、车马器、铜钱等残片，墓底仅存少量车马器、陶俑、陶楼残片；甬道内包含物丰富，有陶俑、陶房、陶马、陶罐、陶钵、陶狗、车马器、鎏金铜泡钉、铜片、五铢、人骨、人牙等包含物（图一九；彩版七）。

陶罐　1件。标本M3：41，泥质灰陶。溜肩，腹部较圆润，外鼓不甚明显，平底。肩部饰一道凹弦纹。口径12、底径8.2、高13厘米（图二〇，1）。

陶仓　1件。标本M3：38，泥质红陶。无沿，最大径在肩部。素面。口径9.6、底径6.8、高10.4厘米（图二〇，2；彩版一八，1）。

陶钵　3件，按照腹部形态分为二型。

A型　折腹，1件。标本M3：39，泥质灰褐陶。敞口，折腹，小平底。形体较小，素面。口径12.4、底径4.6、高4.4厘米（图二〇，3）。

B型　弧腹，2件。标本M3：35，泥质灰陶。敛口，口沿内侧加厚，圆唇，弧腹，小平底。素面。口径16、底径6、高6厘米（图二〇，4）。标本M3：36，泥质灰陶。敛口，圆唇，弧腹，小平底。素面，口径13.2、底径4.8、高5厘米（图二〇，5）。

陶摇钱树座　1件。标本M3：54，夹砂黄褐陶。形象为尖爪带翼巨兽，似麒麟，头、身大部残失，仅存臀部及四肢，胸前一小狮曲颈后望，背上一圆筒形树座，树干残失，有底板。底板长34、树座高29.6厘米（图二〇，6；彩版一八，2）。

陶持便面俑　1件。标本M3：55，泥质灰陶。体形高大，站立男性，头戴方帽，交领长服，广袖束腰，左手提袋，右手执便面，足尖外露。高59厘米（图二〇，7）。

陶鸡　1件。标本M3：34，泥质灰陶。无底座，站立，高冠，昂首，尾羽高扬，身形矫健，体形较大。长26.4、高25.2厘米（图二〇，8）。

陶狗头　1件。标本M3：53，泥质青灰陶。昂首，短竖耳，双目直视，体形较大，高17.4厘米（图二〇，9）。

陶马头　1件。标本M3：86，双目暴凸，张口，舌外露，高竖耳涂红彩，神态威武。高30厘米（图二〇，10）。

陶车轮　1件。轮上分别刻划甲、乙、丙等字。标本M3：47，泥质灰陶。正圆形，轮体内侧有15个方形凹槽以置幅条，幅条一端扁宽，一端窄圆，分别套合毂、轮上，轮体刻划“丙”字。直径82、幅条长31厘米（图二〇，11；彩版一八，3）。

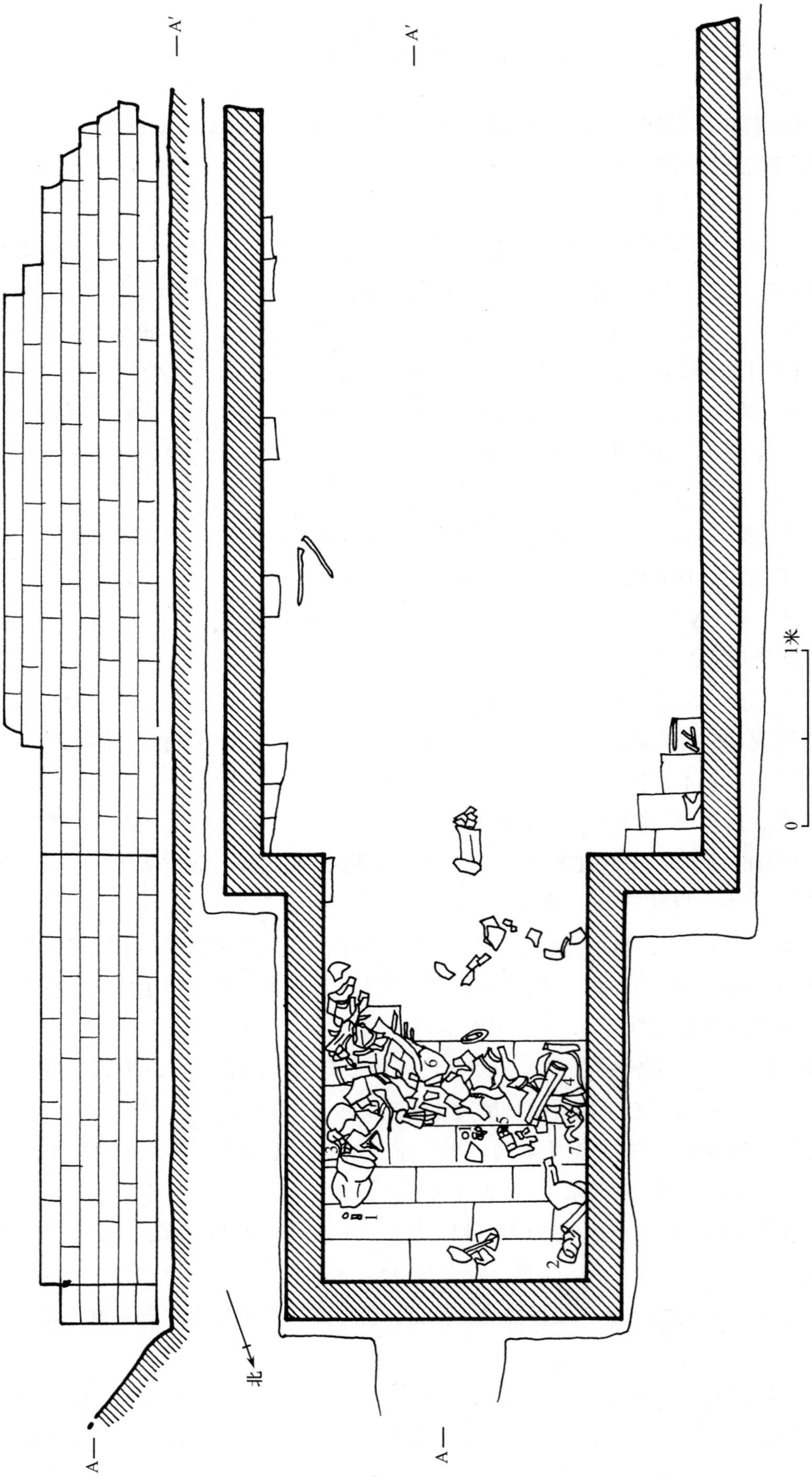

图一九　M3平、剖面图
1.铜片　2、5.陶俑　3.陶罐　4.陶房　6.陶马　7.陶鸡

陶毂　1件。标本M3：72，泥质青灰陶。由两截组成，一截为亚腰体，另一截为管状，口由大逐渐收小，二者由一似铆钉的细泥条相连。长12、宽9.6厘米（图二〇，12）。

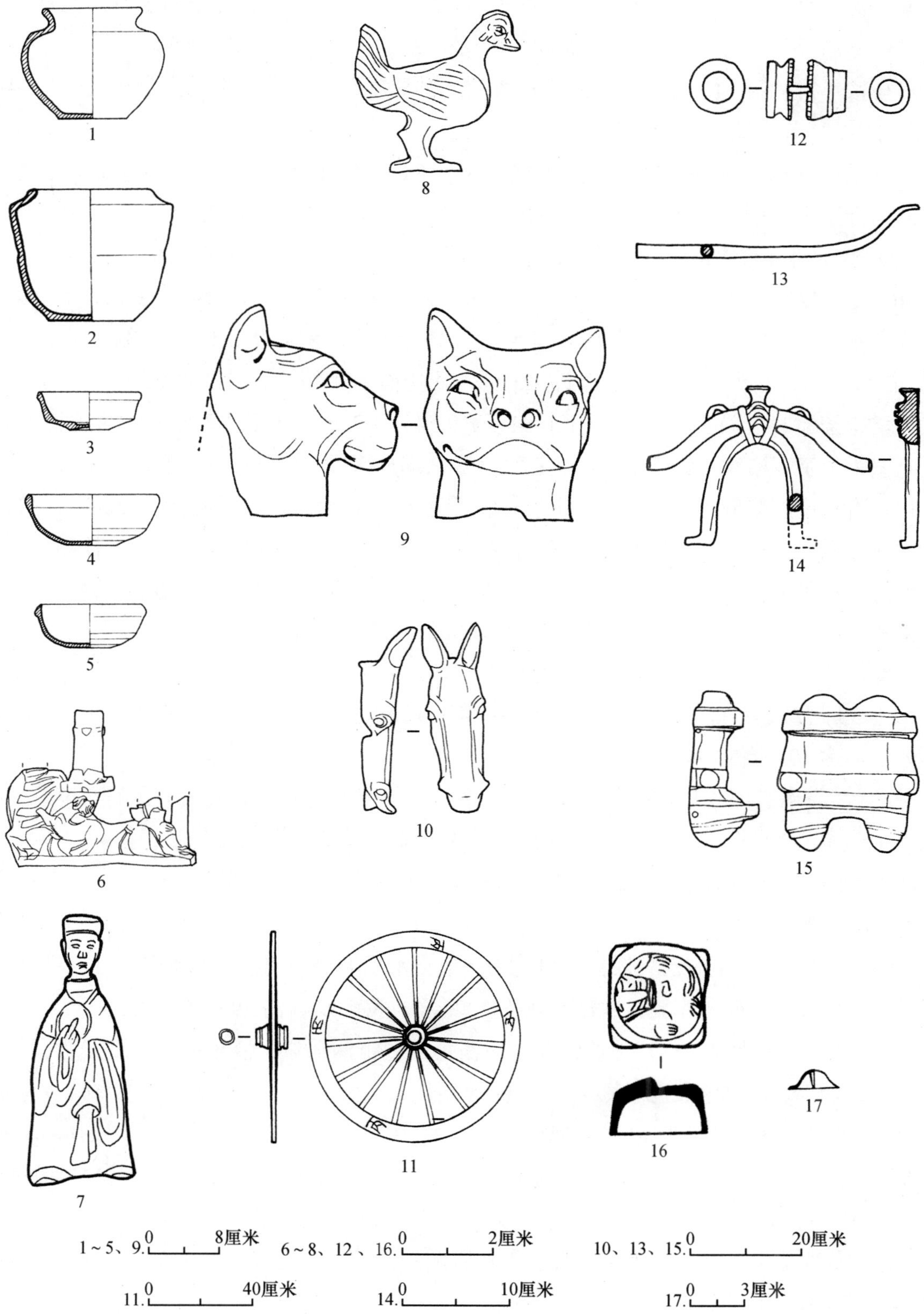

图二〇　M3出土器物

1.陶罐（M3：41）　2.陶仓（M3：38）　3.A型陶钵（M3：39）　4、5.B型陶钵（M3：35、M3：36）　6.陶摇钱树座（M3：54）　7.陶持便面俑（M3：55）　8.陶鸡（M3：34）　9.陶狗头（M3：53）　10.陶马头（M3：86）　11.陶车轮（M3：47）　12.陶车毂（M3：72）　13.陶车辕（M3：48）　14.陶车轭（M3：17）　15.陶马鞍（M3：59）　16.铜研子（M3：18）　17.铜泡钉（M3：22）

陶车辕　1件。标本M3：48，泥质青灰陶。截面圆形，前段昂起，后段平直，实心。通长100厘米（图二〇，13；彩版一八，4）。

陶车轭　1件。标本M3：17，泥质青灰陶。体形略呈大字形，外幅肩上有两圆环以套缰绳，内幅下端弯钩上翘。宽35.6、高24.8厘米（图二〇，14；彩版一八，5）。

陶马鞍　1件。标本M3：59，泥质青灰陶。拱形座，有三道皮带与马身相套。长24、宽21.6、高10.8厘米（图二〇，15；彩版一八，6）。

铜研子　1件。与黛板配套使用。标本M3：18，形似印章，圆形纽，正方形座，纽座内空，嵌以方正薄石片，纽上鎏金，饰兽面纹。纽径2、底座径2.1、高1.3厘米（图二〇，16）。

铜泡钉　1件。标本M3：22，帽状，器表鎏金，直径2.9、高0.7厘米（图二〇，17）。

M6　墓向25°。由墓道、甬道、墓室三部分组成。墓室长5.4、宽2.4、残高1.9米；甬道位于墓室前端，长2.3、宽1.3、高1.9米；墓道位于甬道前端，斜坡状，长4.3、宽1.2米，坡度为35°，填土为青灰色砂土。在近甬道封门上部填土中有一个祭坑，坑边由4块菱形纹子母扣砖垒砌，坑上盖3块“车轮”纹砖，坑长0.64、宽0.54、深0.36米，距地表深0.9、距墓道底深1.2米。墓壁为十字菱格纹砖错缝平砌而成；墓室券顶部分垮塌，由楔形“富贵”纹子母砖起券而成；甬道券顶高度略低于墓室顶部，由车轮纹子母砖起券而成。墓室和甬道之间的封门为单砖垒砌而成。墓底由素面砖平砌而成。墓室内扰乱严重，大部分铺地砖已被起取，器物大多残碎不可修复，尸骨无存，从墓内出土较多黑色漆皮观察，葬具可能为木棺。随葬器物有陶罐、陶勺、陶钵、银手镯等，祭坑内器物保存较好（图二一；彩版八）。

陶罐　平底，按照肩部形态分为三型。

A型　折肩罐，1件。标本M6：4，泥质灰陶。圆唇，直领，斜折肩，弧腹，平底。素面。口径9.6、底径10、高8.4厘米（图二二，1）。

B型　溜肩罐，1件。标本M6：6，泥质红褐胎，酱黄釉。侈口，卷沿，圆唇，束颈，圆弧腹，饼足。肩部饰凹弦纹一周。口径11.6、底径10、高9.3厘米（图二二，2）。

C型　平肩罐（筒形罐），1件。标本M6：1，泥质灰陶。体型较大。素面。口径14.4、底径15.6、高17厘米（图二二，3）。

小陶罐　1件。出土时已失原位，可能为釜或汲水桶类模型明器。标本M6：12，侈口，折沿，圆唇，鼓腹，平底，厚胎，制作不规整。口径4、底径3.7、高2.9厘米（图二二，4）。

陶勺　1件。标本M6：7，泥质红陶，施酱黄釉。粗柄圆斗，柄较长，柄尾下弯，斗内及柄部施釉，柄部切削修整痕迹明显。长16.8厘米（图二二，5）。

陶钵　2件，根据腹部特征分为二型。

A型　腹部急折，1件。标本M6：10，泥质红陶，器表饰酱黄釉，内壁无釉。敞口，浅腹，小平底。腹部有一道凹弦纹。口径16、底径5.6、高4.4厘米（图二二，6）。

B型　腹部缓折，1件。标本M6：5，泥质青灰陶。敞口，浅腹，小平底。素面。口径12、底径4.4、高4.5厘米（图二二，7）。

陶塘　1件。标本M6：20，泥质灰陶。均为长方形浅盘，四周起塘埂，塘内有堤中分。堤缺口在塘中央，塘内有龟、蛙、螺等小动物，长37.4、宽24、塘埂高4厘米（图二二，8）。

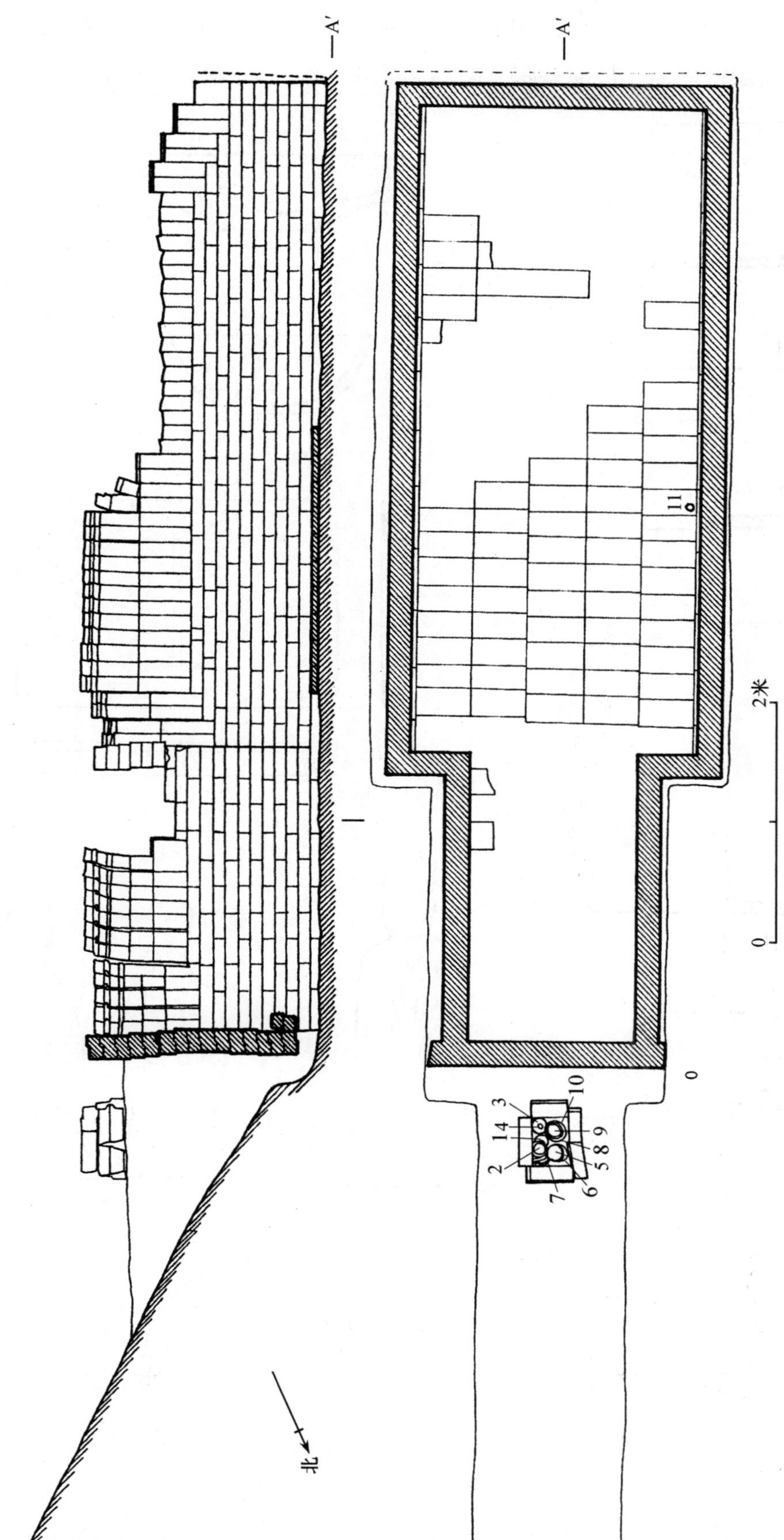

图二一　M6平、剖面图

1、4、6、8.陶罐　2、3、5、9、10.陶钵　7.陶勺　11.银镯

陶侍从俑　2件。标本M6：14，泥质红陶。女性，头着帻巾，身着交领长服，广袖束腰，双手拢于胸前。面部较模糊，足部外露。高19.4厘米（图二二，9）。标本M6：16，泥质红

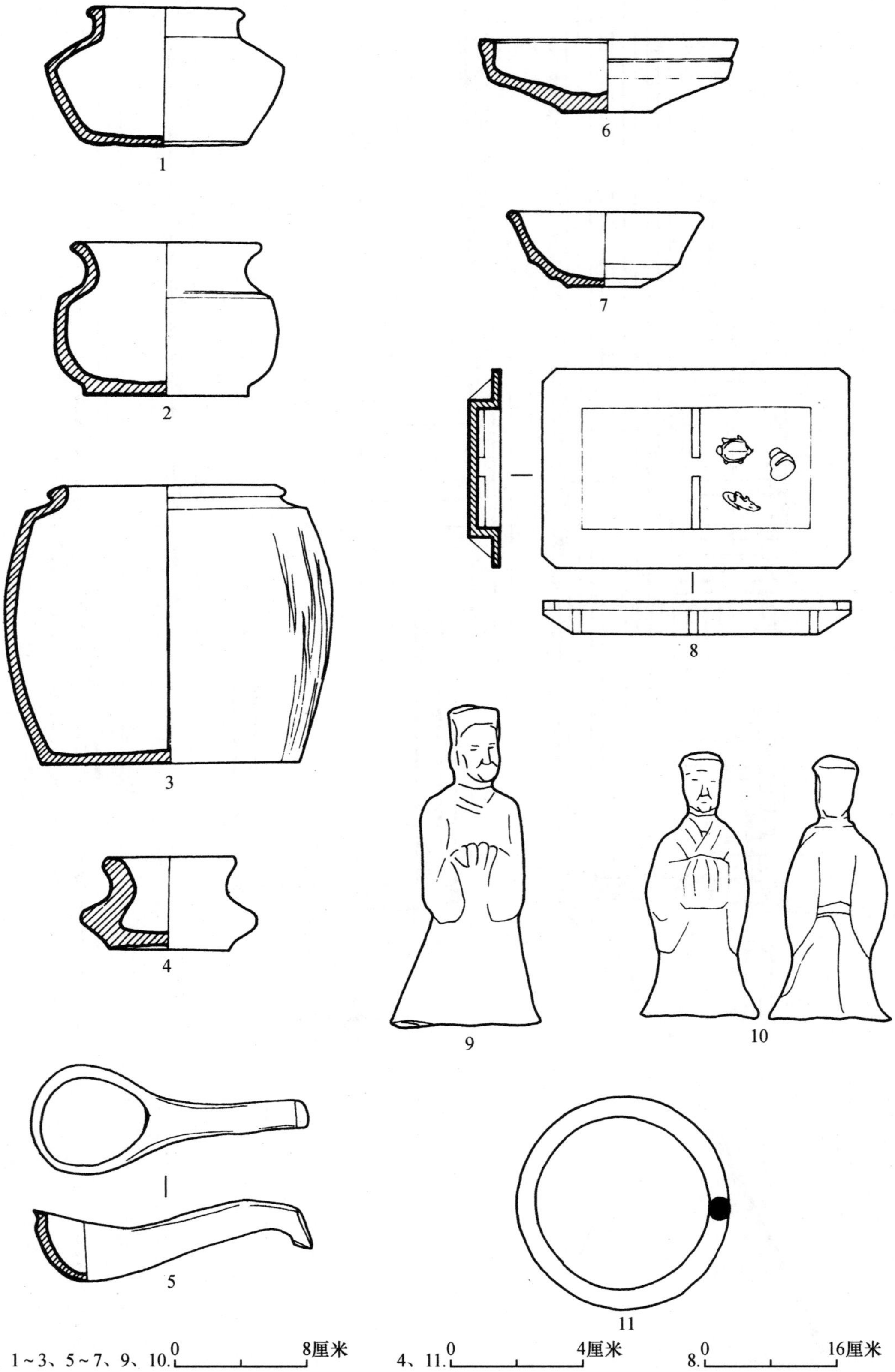

图二二　M6出土器物

1.A型陶罐（M6：4）　2. B型陶罐（M6：6）　3.C型陶罐（M6：1）　4.小陶罐（M6：12）　5.陶勺（M6：7）　6.A型陶钵（M6：10）　7.B型陶钵（M6：5）　8.陶塘（M6：20）　9、10陶侍从俑（M6：16）　11.银手镯（M6：22）

陶。男性，头着帻巾，面部较模糊，身着交领长服，广袖束腰，双手拢于胸前。足不外露。高16厘米（图二二，10）。

银手镯　1件，圆环形。标本M6∶22，镯径6.5厘米（图二二，11）。

M9　墓向300°。本墓葬为武陵墓群唯一的一座石室券顶墓，由甬道、墓室、墓道三部分组成，墓道被晚期堆积所破坏，形制不清。墓室长2.35、宽2.2、残高1.55米；甬道位于墓室前端，长1.45、宽1.3、高1.35米。墓壁大部分由条石，小部分由素面、菱形花纹、车轮纹混合平砌而成。墓室券顶和甬道券顶均由条石横向起券而成。墓室、甬道交接处有封门，为大小不一的石块条平砌而成。墓底铺有大小不一的鹅卵石。墓室前端有一人骨架，横向放置，头向东（60°），骨骼保存较完整，葬式为仰身直肢葬；人骨架四周有少量木炭，亦为棺朽痕迹，棺宽0.6、长1.65米；棺木下为用石块平铺一个宽约0.7、长2.2、厚0.15米的棺床。随葬品共19件，集中在甬道和墓室前端，器类有陶罐、陶俑、铜耳杯、铜钱、铜耳杯扣、铜指环等（图二三）。

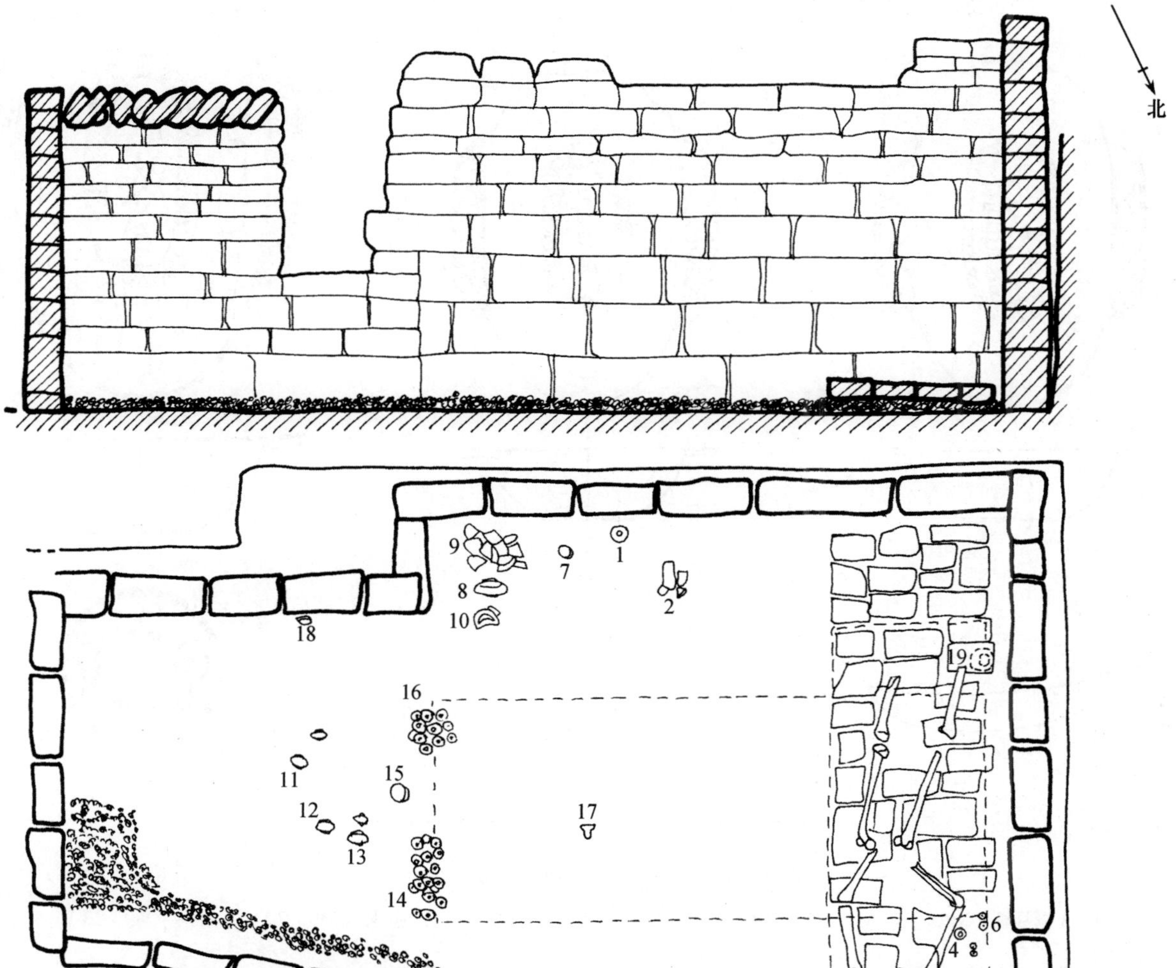

图二三　M9平、剖面图

1、3～6、14、16.铜钱　2、9、10、19.陶罐　7.铜指环　8、11～13、15、18.铜耳杯　17.陶俑

铜耳杯 3件。椭圆形，弧壁，平底。标本M9：13，体形较大。耳上及内底一周饰蕉叶纹，底心饰鱼纹。口最大径12.5、底最大径6.8、高2.6厘米（图二四，1）。标本M9：12，体形较小。耳上及内底一周饰蕉叶纹，底心饰鱼纹。口部最大径9.6、底最大径5.1、高2厘米（图二四，2）。标本M9：8，耳上饰菱格纹，内底饰连弧锯齿纹，底心为“西王母”及仙树形象。口部最大径9.6、底最大径5.1、高1.95厘米（图二四，3）。

铜耳杯扣 1件。为漆木耳杯上扣饰，平面为月牙形，剖面为“┐”形。标本M9：21，外表鎏金。长6.7、高2厘米（图二四，4）。

铜指环 1件。标本M9：7，圆环形，直径2.1厘米（图二四，5）。

货泉 1枚。标本M9：23，钱文篆体横读，“泉”字中竖中断，直径2.1厘米（图二四，6）。

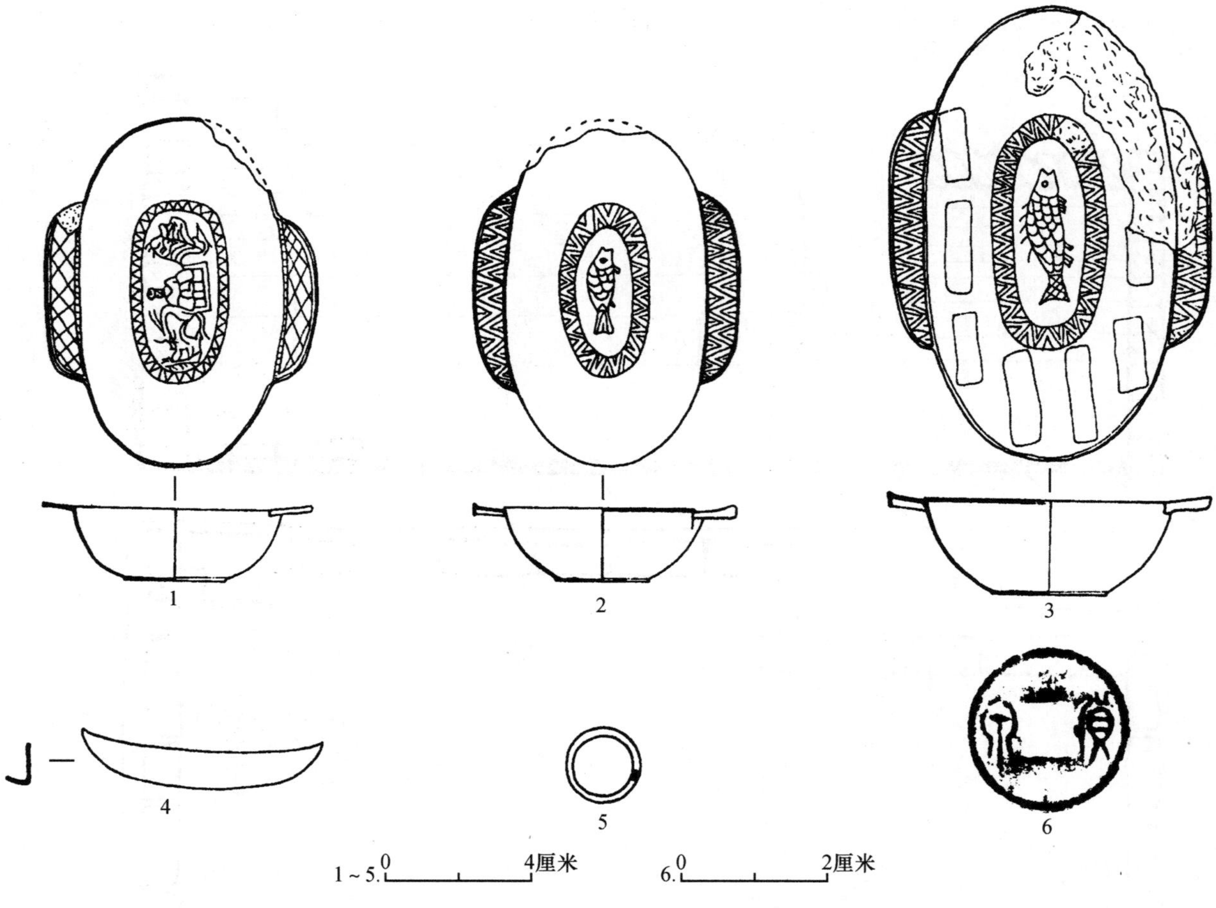

图二四 M9出土器物

1～3.铜耳杯（M9：13、M9：12、M9：8） 4.铜耳杯扣（M9：21） 5.铜指环（M9：7） 6.货泉（M9：23）

M19 墓向25°。由甬道、墓室、墓道三部分组成。墓室长5.5、宽2.8、残高0.2～0.11米；甬道位于墓室前端，长2.45、宽2、残高0.66米；墓道呈梯形，位于甬道前端，长1.9、宽0.9～1、深0.8～0.9米。墓壁用车轮纹砖错缝平砌而成。由于后期扰动，墓室和甬道的券顶被严重破坏，残存的券顶由棱形纹榫卯砖错位纵向起券。墓室、甬道交接处有封门，由棱形纹富贵榫卯砖错缝平砌而成。墓底用素面铺地砖错缝平铺而成。本墓葬修筑讲究，在墓砖上统一刷一层白灰，估计起防潮作用，同时兼具美观。墓室内扰乱严重，葬式、葬具均不详，随葬有陶罐、陶钵、陶甑等。扰土中夹杂有残砖、晚期的青瓷片、素面板瓦、铁渣等，墓底未残留随葬品（图二五；彩版九，1～3）。

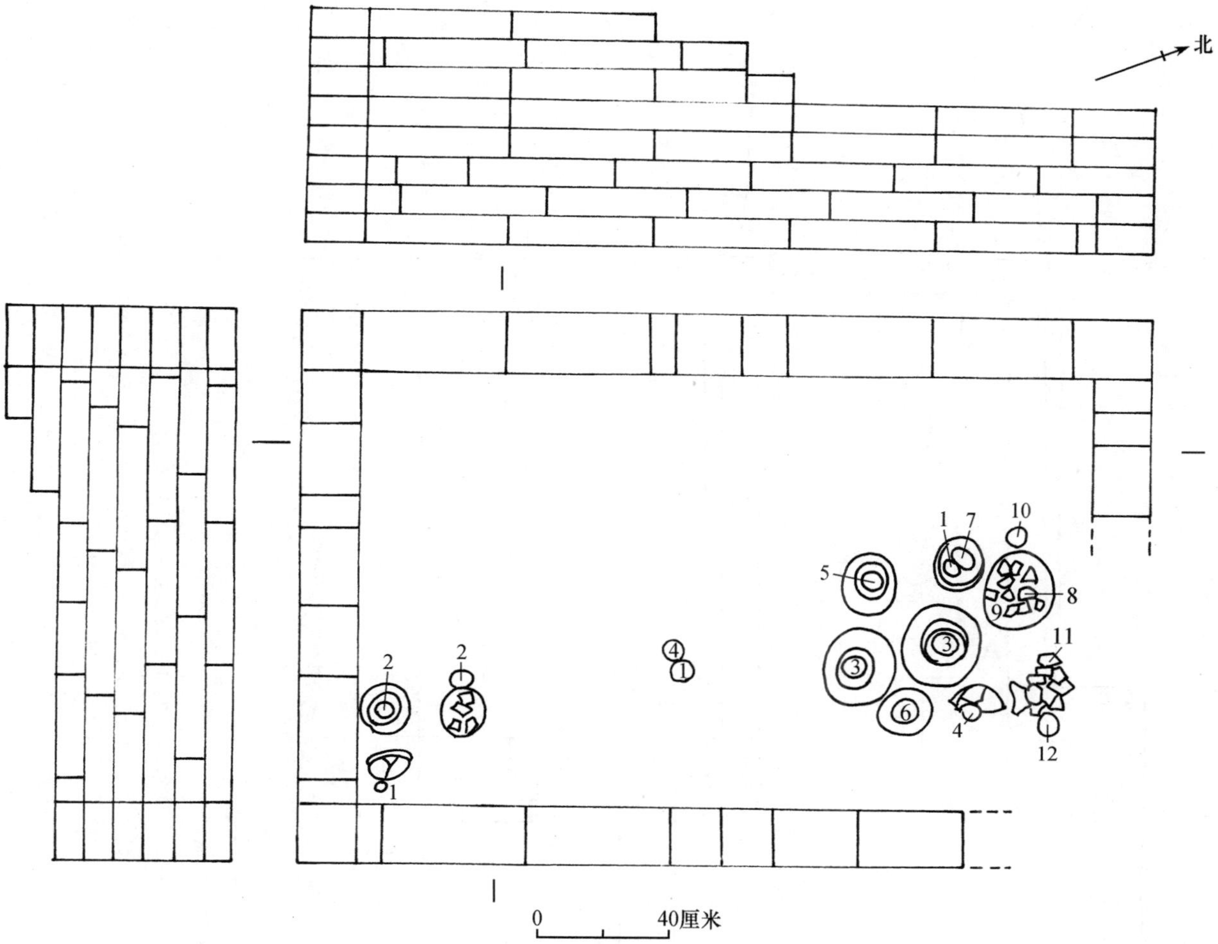

图二五　M19平、剖面图

1、3、5、6.陶罐　2、4、7～9、11、12.陶钵　10.陶甑

M25　墓向34°。由甬道、墓室、墓道三部分组成。墓室长4.9、宽2.36、高1.08米；甬道位于墓室前端，长2.5、宽1.4、残高1.08米；墓道呈梯形，位于甬道前端，长1.5、宽1.04～1.84、深1.08米。墓壁由菱形纹砖对缝平砌而成。墓室和甬道的券顶大部分垮塌，由菱形纹、车轮纹两种榫卯砖纵向起券而成。墓底用素面楔形砖对缝横向平砌而成。由于后期盗扰，葬式、葬具不明。随葬器物50件，大部分位于墓室后部，少部分位于甬道和墓室中部。器类有陶罐、陶灯、陶博山炉、陶甑、陶锺、陶房、陶碓房、陶镇墓兽、陶人物俑、陶动物俑、陶井、铁削、石镇纸、水晶、铜钱、铜饰件等（图二六）。

陶罐　2件，按照肩部形态分为二型。

A型　鼓肩罐，1件。标本M25：11，泥质灰陶。敛口，圆唇，中领，鼓肩，斜弧腹，平底。肩部有一道凹弦纹。口径10、腹径19.2、底径6.8、高12.2厘米（图二七，1）。

B型　平肩罐，1件。标本M25：23，泥质黄陶，表面有磨光红色陶衣。敛口，方圆唇，桶形腹，平底。腹部有一道折棱。口径8.8、底径8.4、高12厘米（图二七，2）。

陶灯　1件。M25：8，泥质红胎，表面施酱釉。敞口，圆唇，斜弧腹，柱状短实心柄，浅

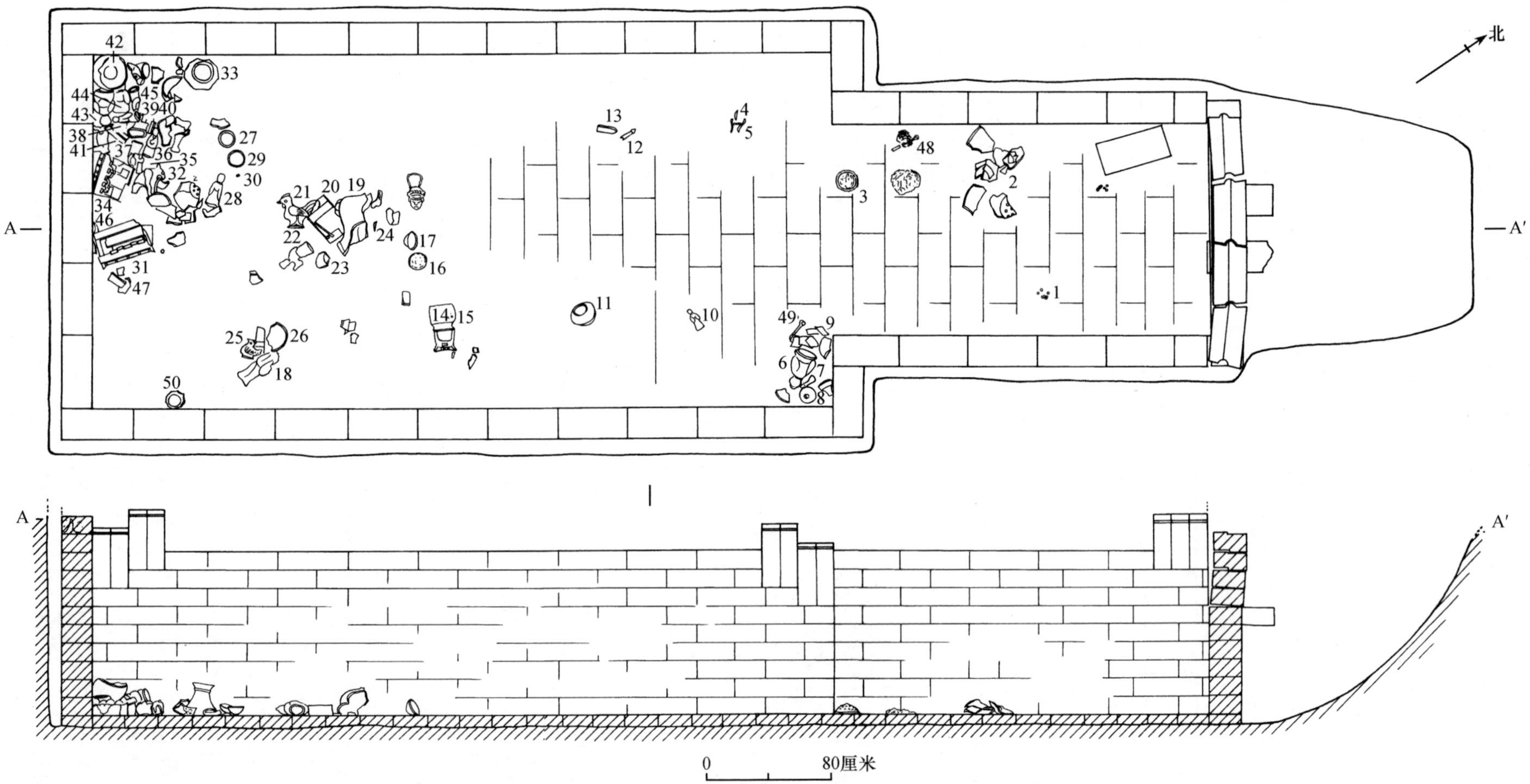

图二六　M25平、剖面图

1、30.铜钱　2.陶甑　3、16、17、27、29、50.陶博山炉　4、25.耳杯铜饰件　5.车马器铜饰　6.陶吹箫俑　7、10、28、35～38、45.陶侍俑　8.陶灯　9、11、23.陶罐　12.铜饰件　13.石镇纸　14. 陶水井　15.水晶　18.陶持便面俑　19.陶狗　20、34.陶房屋模型　21、25.陶鸡　22.陶舞俑　24. 耳杯扣　26、33、42.陶锺　31.陶碓房　32.陶镇墓兽　39.陶击鼓俑　40.陶抚琴俑　41.陶猪　43.陶庖厨俑　44.陶抚耳俑　46、48、49.铁削　47.陶井

图二七　M25出土器物

1.A型陶罐（M25：11）　2.B型陶罐（M25：23）　3.陶灯（M25：8）　4.陶房（M25：34）　5.陶碓房（M25：20）　6.陶井（M25：15）　7、8.陶侍从俑（M25：7、M25：38）　9.陶吹箫俑（M25：6）　10.陶击鼓俑（M25：39）

盘，喇叭口足。口径9.8、足径8.8、高12厘米（图二七，3）。

陶房　1件。标本M25：34，平房，屋顶为平顶悬山式，屋脊两端翘起，正面有瓦垄。房屋为四开间，左起第二间有门，向内打开。屋侧山墙向前延伸至走廊。走廊外有护栏至立柱，柱上一斗三升承托腰檐。长28、宽9.8、高22.2厘米（图二七，4）。

陶碓房　1件。标本M25：20，长方形敞式建筑，有四个长方形立柱，房内有舂米工具。长25.6、宽7.2、高14.8厘米（图二七，5）。

陶井　1件。标本M25：15，连体式，即井圈、井架、井筒连接成一个整体，井身为圆筒状，折沿，方唇，束颈，折肩，平底内凹。井沿上有悬山顶井亭，亭顶中脊两面各有五组瓦垄，柱间横轴中部设有轱辘。口径15.6、高28.4厘米（图二七，6）。

陶侍从俑　2件。标本M25：7，女性，交领长服，广袖束腰，双手拢于胸前，头裹巾，面部模糊。高13.2厘米（图二七，7）。标本M25：38，男性，交领长服，广袖束腰，双手拢于胸前，头戴巾帻。高19.5厘米（图二七，8）。

陶吹箫俑　1件。标本M25：6，跪坐状，头戴胡帽，着三重衣，亵衣圆领，中衣、外衣均交领右衽，窄袖，束腰，双手捧箫鼓腮做吹奏状。高21.5厘米（图二七，9；彩版一九，1）。

陶击鼓俑　1件。标本M25：39，跪坐，头戴进贤冠，身着交领长服，鼓置于两膝前，左手抚鼓，右手作敲击状。高18.2厘米（图二七，10；彩版一九，2）。

陶舞蹈俑　1件。标本M25：22，头包巾，身着三重衣，亵衣圆领，中、外衣均交领右衽，中衣窄长，外衣袖至肘，有荷叶形褶边，下摆成裙状。左手举于胸侧，右手提裙，身体左倾做舞蹈状，左足露出。高24厘米（图二八，1；彩版一九，3）。

陶庖厨俑　1件。标本M25：43，跪坐状，外衣交领宽袖，束腰，后摆呈交畸状。膝前置长方形四足案，左手按一物于案上，右手举刀于胸前做切状。头梳髻。高25厘米（图二八，2）。

陶持便面俑　1件。标本M25：18，女性，体形高大，立姿，头梳山形髻，扎巾，身着交领长服，广袖束腰，左手提袋，右手执便面，足尖外露。高37.6厘米（图二八，3；彩版一九，4）。

陶子母鸡　1件。标本M25：25，子母鸡，踞伏，昂首翘尾，矮冠绶，底座较矮。胸前卧一小鸡，双翅前各伏两小鸡。长15、高12厘米（图二八，4）。

陶狗　1件。标本M25：19，体形较大，头、身分别模制，身体前粗后细。直立，竖耳，昂首平视，张口咧齿，颈套项圈，兜肚系栓环，卷尾。长48、高44.6厘米（图二八，5；彩版一九，5）。

陶镇墓兽　1件。标本M25：32，前足直立，后足弯曲做蹲立状，有两尖角，一对尖耳，双目圆睁，大口獠牙露出，长舌伸出口外，垂至足间，面目凶恶。高21厘米（图二八，6；彩版一九，6）。

石镇纸　1件。标本M25：13，白色砂石质。长方形，磨蚀严重。长10.6、宽2.8、厚2厘米（图二八，7）。

M26　墓向25°。由甬道、墓室、墓道三部分组成。墓室长5.24、宽2.4、高0.2～1.58米；甬道位于墓室前端，长2.44、宽1.48、高1.5米；墓道呈梯形，位于甬道前端，长2.24、宽1.4～2.18、深0.2～1.58米。墓壁由菱形纹砖错缝平砌而成。墓室和甬道的券顶大部分垮塌，由菱形纹、车轮纹两种榫卯砖纵向起券而成。墓底用素面楔形砖横向平砌而成。由于后期盗扰，

图二八　M25出土器物

1.陶舞蹈俑（M25：22）　2.陶庖厨俑（M25：43）　3.陶持便面俑（M25：18）　4.陶子母鸡（M25：25）　5.陶狗（M25：19）　6.陶镇墓兽（M25：32）　7.石镇纸（M25：13）

葬式、葬具不明。随葬器物75件，分布在在墓室和甬道的各处，其中以甬道中分布最为集中。器类有陶罐、陶卮、陶甑、陶锺、陶钵、陶房、陶俑、陶摇钱树座、陶鸡、陶猪、铁刀、铁剑、铅器、琉璃耳珰、铜泡钉、铜摇钱树、铜车马器、铜钱等（图二九）。

陶罐　3件，按照肩部形态分为二型。

A型　广肩，1件。标本M26：35，泥质黄陶。敛口，无领，折肩，平底。卷沿，方唇。口沿至下腹部压印竖向绳纹。口径16.4、底径18、高23.4厘米（图三〇，1）。

B型　鼓肩，2件。标本M26：17，夹细砂灰陶。敛口，圆唇，中领，斜弧腹，最大腹径在中腹部，平底。肩部饰有凹弦纹及楔形纹。口径8.4、腹径16、底径6.8、高12厘米（图三〇，2）。标本M26：37，盘口，方唇，高领，鼓腹，平底。肩、腹之间原有对称两个粘贴的系，已残缺，仅有凹窝，肩部有九排戳印纹。口径11.6、底径9.6、高17.2厘米（图三〇，3）。

陶仓（筒形罐）　1件。标本M26：26，泥质黄陶。敛口，折沿。腹部有压印方格纹，中间有轮制抹痕或凹弦纹隔为三段。口径12、底径14.4、高24.1厘米（图三〇，4）。

陶甑　1件。标本M26：21，泥质灰陶。敛口，折沿，尖唇，斜弧腹，底有箅孔。腹部有四排戳印纹，戳印纹之间有细密划纹，底部有10个箅孔。下腹底有较厚铁锈，出土时置于铁釜

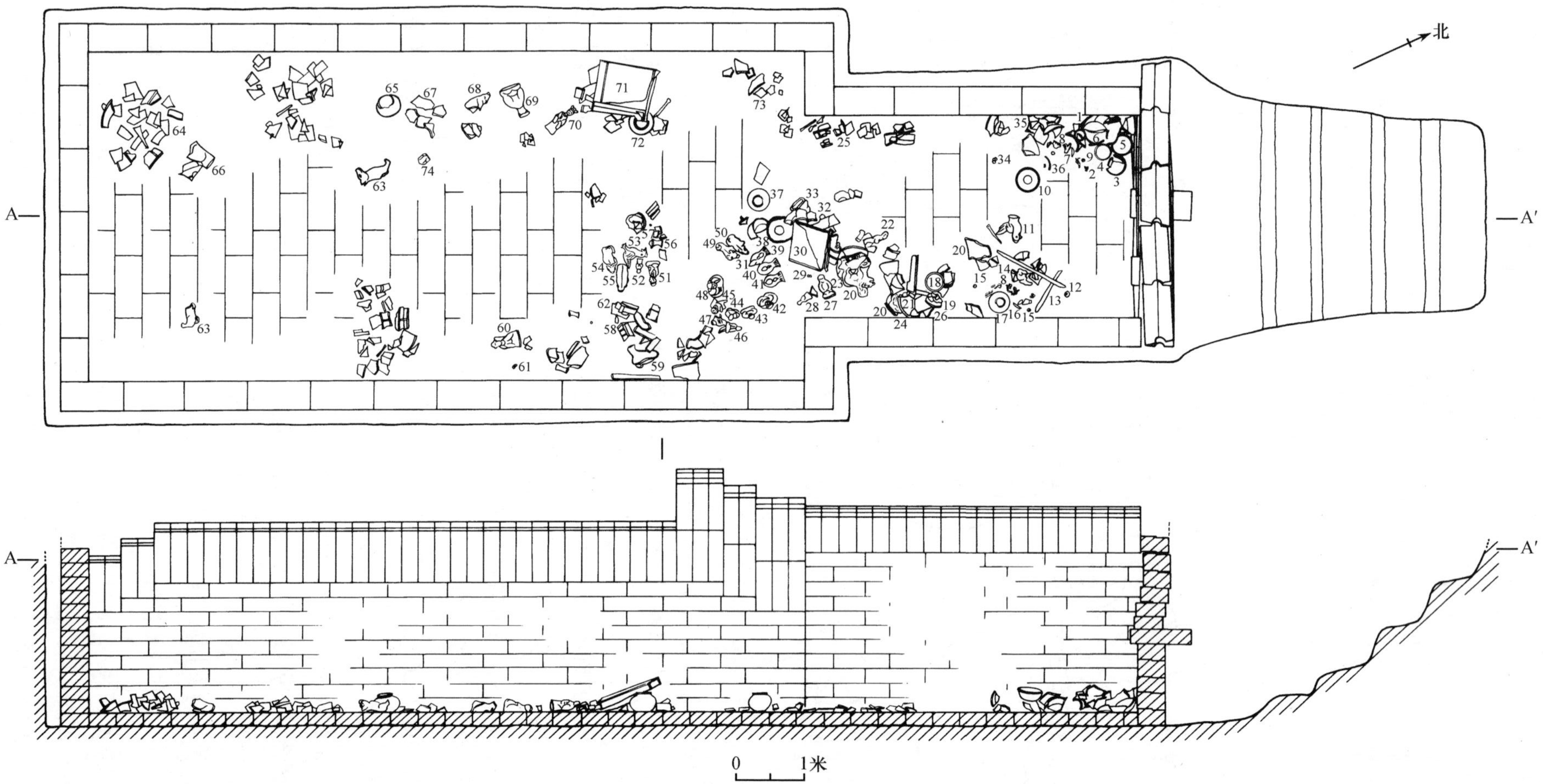

图二九　M26平、剖面图

1. 手镯　2. 耳珰　3～5、10、18、19、73、76～79. 陶鉢　6. 陶钟　7、16. 耳杯饰件　8. 摇钱树叶　9. 纽扣　11、47、53. 陶鸡　12. 铁削　13. 铁剑　14、31. 陶舞俑　15、29、57、61. 铜钱　17、35、37、38、65、67、72. 陶罐　20. 摇钱树座　21. 陶甑　22、24、28、32、53. 陶侍俑　23、42、45. 陶抚耳俑　25、30、34、58、62、64、71、82. 陶房　26. 陶桶形罐　27、46. 陶吹埙俑　33. 陶庖厨俑　36. 鸟器饰件　39～41. 陶子母鸡　43、44. 陶抚琴俑　48、51、69. 陶击鼓俑　49、59、63、75. 陶狗　50、54、55. 陶猪　56. 陶博山炉座　60. 陶吹箫俑　66. 陶跪坐俑　68. 陶镇墓兽　70、81. 陶提袋执便面俑　74. 陶碓俑　80、83. 陶水塘

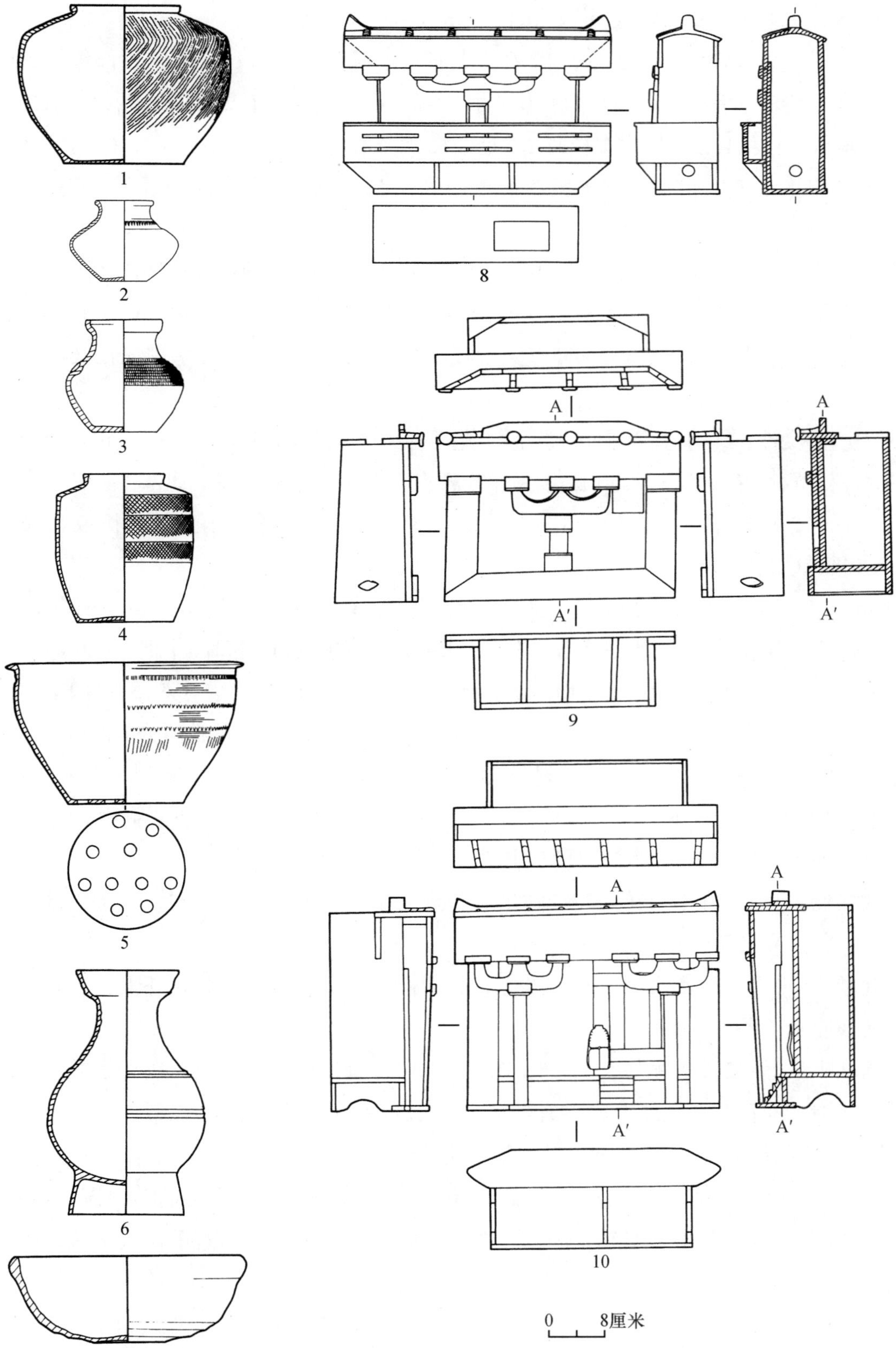

图三〇　M26出土陶器

1. A型罐（M26：35）　2、3.B型罐（M26：17、M26：37）　4.仓（M26：26）　5.甑（M26：21）　6.锺（M26：6）　7.钵（M26：22）　8～10.房（M26：82、M26：34、M26：71）

上。口径35.6、底径17.2、高21.2厘米（图三〇，5）。

陶锺 1件。标本M26：6，泥质红胎，表面施酱黄釉。盘口，方唇，颈部细短，鼓腹，肩、身、足分别轮制后拼合，最大腹径位于腹下部，高圈足。腹有凹弦纹，两组弦纹之间有对称的衔环辅首。口径15.2、最大腹径23.2、足径16.8、通高36.2厘米（图三〇，6）。

陶钵 1件。敛口，圆唇，浅弧腹，平底，标本M26：5，夹砂红陶。素面。口径16、底径5.2、高6.2厘米（图三〇，7）。

陶房 3件。都为多层楼房式，但由于盗扰等原因，导致结构不全，按结构可分为两类。

上层房屋 1件。标本M26：82，为悬山两面坡屋顶，有中脊，两端翘起，正面有瓦脊。厅式建筑，前有护栏。中柱一斗三升直接承托腰檐，左右各施一单斗承拱。长40、宽30、高12.8厘米（图三〇，8）。

下层房屋 2件，结构为平顶悬山式屋顶，正面有瓦脊。标本M26：34，厅式结构，无前壁，正中有一立柱，下有柱础，柱上一斗三升直接承托腰檐。长37、宽13.6、高30厘米（图三〇，9）。标本M26：71，门位于一侧，有台阶，左右各一柱，柱上一斗三升直接承托腰檐。长39.4、宽16、高32.6厘米（图三〇，10）。

陶摇钱树座 1件。标本M26：20，泥质红陶，表面施有较厚白釉。座分三层，下层为骑动物的供养人、鹿及装饰花纹；中层为一大型动物，头上有角，背生双翅，短耳，圆眼，阔口獠牙，口衔一绳状物，左右两侧身下有两小型动物；上层为一似羊动物，有弯角，背生双翅，身下两侧左右各有一动物，左侧向前，右侧后后；羊背上是摇钱树孔，左右两侧各一似熊蹲坐的动物，正面是一动物，孔口部有三圈绳索。基座周围模糊刻有三角形边饰。底长28、座高40厘米（图三一，1）。

陶侍从俑 1件。标本M26：22，男性，交领长服，广袖束腰，外披胸甲，下摆为圆舌状，双手相拥于胸前，做侍立状。高21.4厘米（图三一，2）。

陶吹埙俑 1件。标本M26：27，跪坐，头戴胡帽，衣饰不清，窄袖，束腰，双手捧埙于嘴边做吹奏状。高16.7厘米（图三一，3）。

陶抚琴俑 1件。标本M26：43，跪坐，头着帻巾，交领长服，琴置膝上，琴较长，双手抚琴。高18厘米（图三一，4）。

陶抚耳听乐俑 2件。跪坐，头梳山形髻，扎巾，着三重衣，亵衣圆领，中衣、外衣均为交领右衽，中衣袖长至腕，外衣宽褶袖至肘，下摆成裙状，有褶边。分二型。

A型 右手按膝，1件。左手放于耳边做倾听状。标本M26：45，高24厘米（图三一，5）。

B型 左手按膝，1件。右手放于耳边做倾听状。标本M26：42，高17.3厘米（图三一，6）。

陶击鼓俑 2件。跪坐，交领长服，鼓置于两膝前，左手抚鼓，右手作敲击状，按头部装饰分二型。

A型 头戴巾帻，1件。右手执槌。标本M26：69，高27.2厘米（图三二，1）。

B型 头梳椎髻，1件。右手攥握。标本M26：48，高18.4厘米（图三二，2）。

陶庖厨俑 1件。标本M26：33，跪坐状，外衣交领宽袖，束腰，后摆呈交畸状。膝前置长方形四足案，左手按一物于案上，右手举刀于胸前做切状。头戴巾帻，高17.4厘米（图三二，3）。

陶持便面俑 1件。标本M26：70，女性，体形高大，站立，体形高大，立姿，交领长服，广袖束腰，左手提袋，右手执便面，梳双环髻，扎巾，足尖未露出。高29.2厘米（图三二，4）。

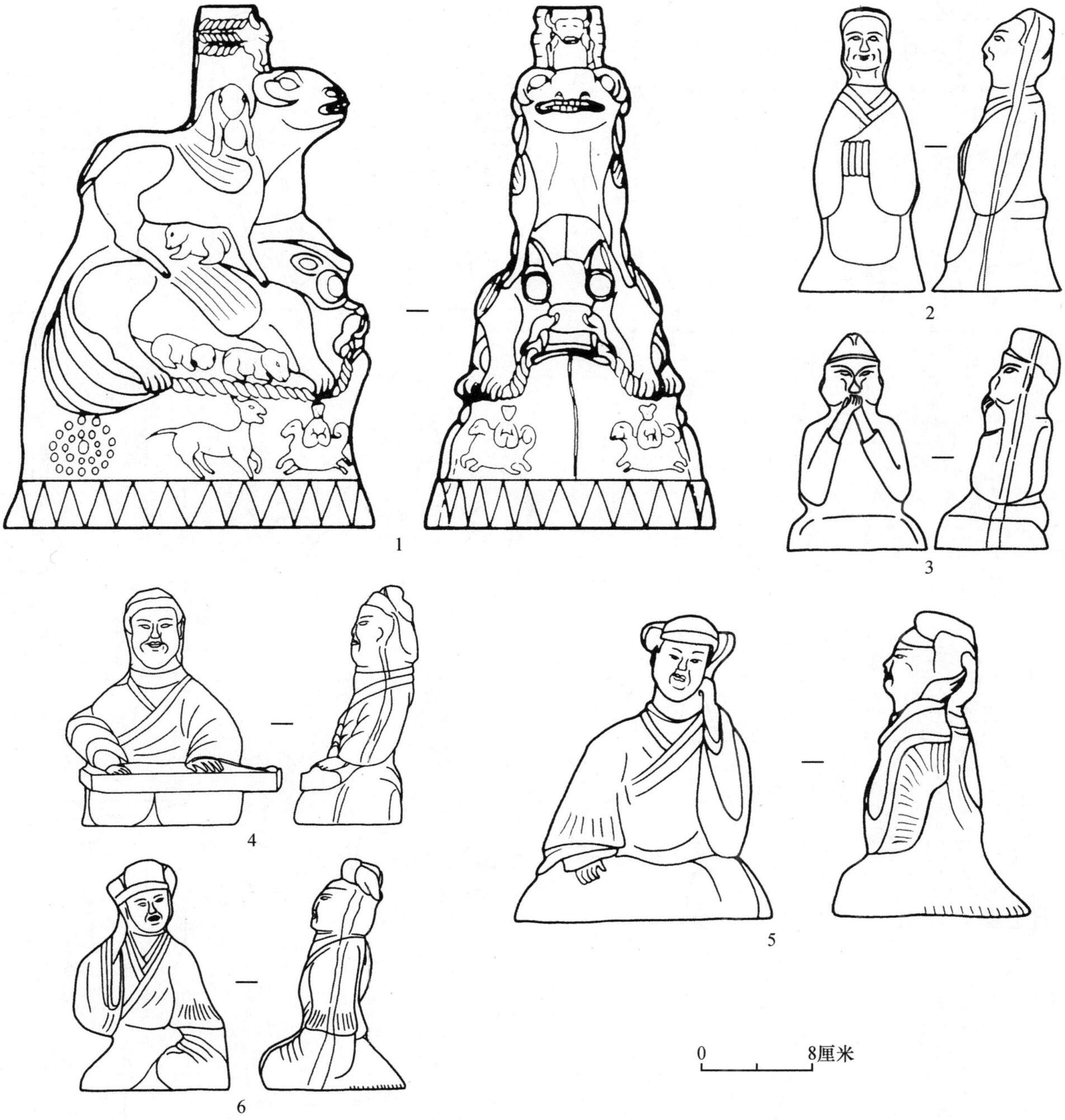

图三一　M26出土陶器

1.摇钱树座（M26：20）　2.侍从俑（M26：22）　3.吹埙俑（M26：27）　4.抚琴俑（M26：43）　5.A型抚耳听乐俑（M26：45）　6.B型抚耳听乐俑（M26：42）

陶跪坐俑　1件。标本M26：66，头梳山形髻，扎巾，着三重衣。亵衣圆领，中衣、外衣均交领右衽；亵衣、外衣领上有三角形装饰；外衣宽短袖至肘，有荷叶边，后摆呈交畸状，束腰。跪坐状，双手相对放于膝上，做拍掌状。高25.2厘米（图三二，5）。

陶子母鸡　2件。标本M26：39，踞伏，昂首翘尾，矮冠绶，底座较矮。胸前及背上各有一小鸡，双翅前各伏一小鸡，双翅上下各有两个头向尾部的小鸡。长16、高13厘米（图三二，6）。标本M26：41，子母鸡，踞伏，昂首翘尾，矮冠绶，底座较矮。胸前及背上各有一小鸡，双翅前各伏两小鸡，长19、高15.2厘米（图三二，7）。

陶猪　1件。标本M26：54，短吻，垂耳，卷尾，体态肥硕。獠牙露出，鼓目，有背鬃，

图三二　M26出土陶器、铁器、铜器

1.A型陶击鼓俑（M26：69） 2.B型陶击鼓俑（M26：48） 3.陶庖厨俑（M26：33） 4.陶持便面俑（M26：70） 5.陶跪坐俑（M26：66） 6、7.陶子母鸡（M26：39、M26：41） 8.陶猪（M26：54） 9.铁刀（M26：12） 10.铁剑（M26：13） 11.琉璃耳珰（M26：2） 12.铜泡钉（M26：9） 13.铜摇钱树（M26：8） 14.铜车马器（M26：36）

身体及四肢粗壮。长26.1厘米（图三二，8）。

铁刀　1件。标本M26：12，体狭长，刃部较窄。残长66.8、宽2、厚0.6厘米（图三二，9）。

铁剑　1件。标本M26：13，剑锋细长，中脊明显，残存中部。残长34.4厘米（图三二，10）。

琉璃耳珰　1件。标本M26：2，1对2件，有一件已经钙化为灰白色，体形较小。形制为短圆柱，细腰，中部穿孔，浅蓝色，半透明质，高1.4厘米（图三二，11）。

铜泡钉　1件。标本M26：9，帽状，直径1.3、高0.9厘米（图三二，12）。

铜摇钱树　1件。标本M26：8，残存有摇钱树枝、摇钱树上的钱叶及下面的托盘部分，盘为宽沿，平底，中间有两方孔（图三二，13）。

铜车马器　1件。标本M26：36，呈“S”形薄片，中间有穿孔。残长4.6厘米（图三二，14）。

M34　墓向20°。由甬道、墓室、墓道三部分组成。墓室长4.6、宽2.3、残高1.76米；甬道位于墓室前端，长2.2、宽1.9、残高0.94米；斜坡状墓道呈长方形，位于甬道前端，长4.82、宽1.8、深1.46米，坡度27°。墓壁由“富贵”纹和菱形纹砖混合错缝平砌而成。墓室和甬道的券顶大部分垮塌，由菱形纹、“富贵”纹两种榫卯砖横向起券而成。墓底用素面砖和“富贵”纹、菱形纹砖混合平铺而成，甬道至墓室的铺地砖由墓室向甬道逐渐下降砌成2级台阶状。封门位于墓道与甬道之间，用菱形纹和“富贵”纹榫卯砖混合错缝平砌而成。由于后期盗扰，葬式不明，葬具仅存木棺朽痕和红色漆皮。随葬器物60件，集中分布在甬道内，墓室内有少量分布。器类有陶罐、陶仓、陶甑、陶博山炉盖、陶钵、陶房、陶碓房、陶人物俑、陶动物俑、骨串珠、铁剑、铜耳杯扣、铜钱等（图三三；彩版一〇）。

陶圜底罐　1件。标本M34：26，泥质灰陶。敛口，圆唇外卷，无领，斜折肩，垂腹，上腹有一折棱，肩饰数道凹弦纹。口径12.9、高25.5厘米（图三四，1）。

陶平底罐　1件。标本M34：40，泥质红陶，器表施酱黄釉。敛口，圆唇，鼓肩，斜弧腹，斜弧腹向内急收，小平底，肩饰凹弦纹一道。口径9.5、底径6.2、高10.2厘米（图三四，2）。

陶仓（筒形罐）　1件。标本M34：57，敛口，方圆唇，无颈，平肩，桶形腹，平底。器表上腹横向刻划一“王”字。口径13.6、底径13.8、高18.5厘米（图三四，3）。

陶甑　1件。标本M34：42，敛口，外翻沿，圆唇，圆弧腹，上腹近直，下腹内收，平底带圆形箅孔。上腹饰带状竖向短绳纹，腹中部有一周铁锈痕（原可能置放在铁釜上）。口径35、底径16.2、高25.6厘米（图三四，4）。

陶博山炉盖　2件。泥质红陶。头盔形，敞口，方唇，盖面隆起呈山峦起伏状，盖顶为一小凸。标本M34：32-1，盖面施酱黄色釉。口径10.4、高4.7厘米（图三四，5）。标本M34：32-2，施青褐色釉。盖面有三个长方形小孔。口径9.8、高4.8厘米（图三四，6）。

陶钵　3件，按照腹部形态分为二型。

A型　折腹，1件。标本M34：59，灰黑色泥质陶。形制为敞口，腹部缓折，小平底。上腹部横向刻划一“王”字。口径12.8、底径4、高5.2厘米（图三四，7）。

B型　深弧腹，2件。标本M34：33，泥质灰陶。敛口，圆唇，平底。素面。口径17.2、底径5.2、高6.2厘米（图三四，8）。标本M34：58，泥质红陶，内壁施酱黄釉。敛口，圆唇，侈口，圆唇，平底内凹。器表饰两道凹弦纹。口径14.8、底径6.6、高6.6厘米（图三四，9）。

陶房　2件。标本M34：54，为上下两层结构，上层为带顶带阳台式楼房，弧形房顶上长

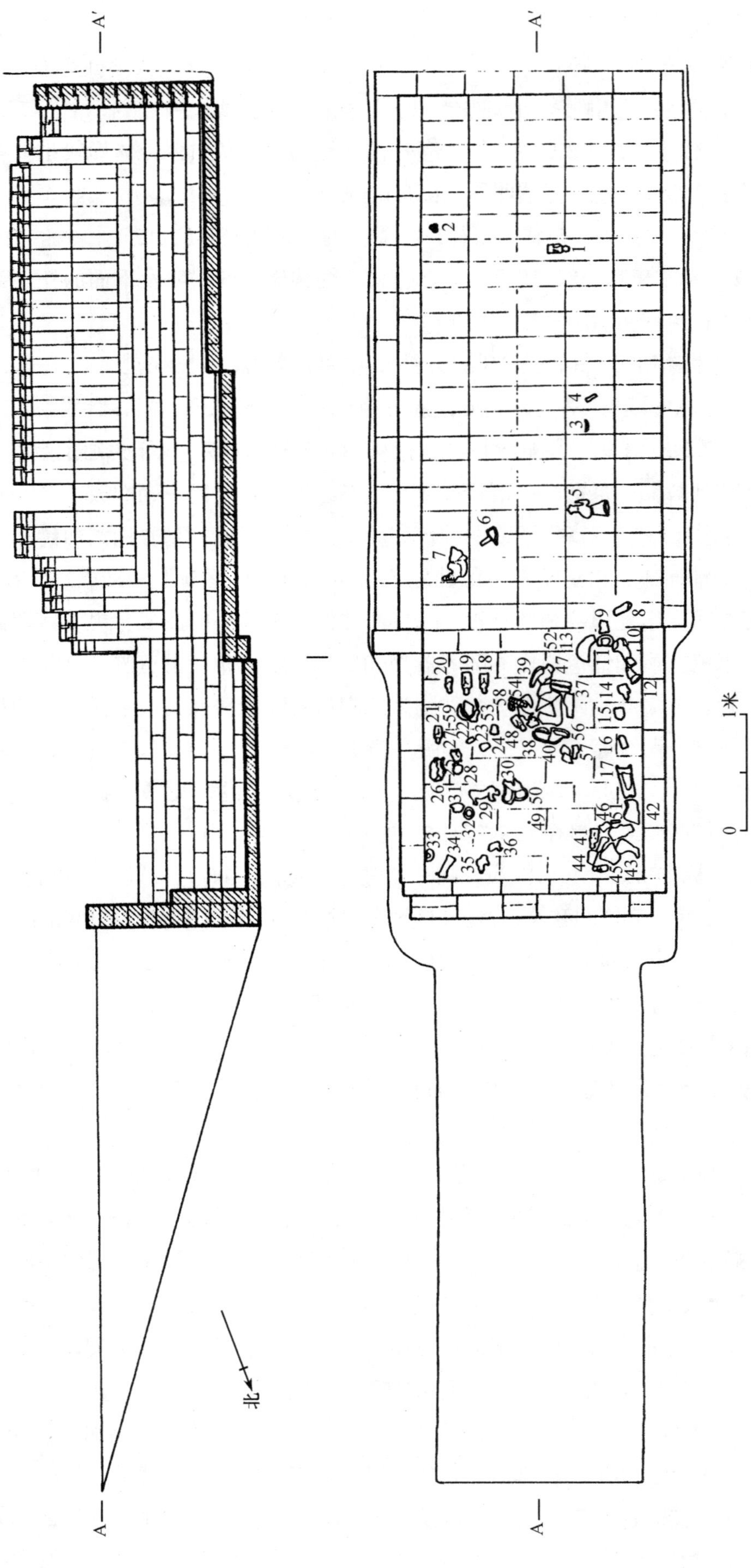

图三三 M34平、剖面图

1、5～9、12、14～16、18～24、27、34、35、39、41、45～48.陶俑 2、3.铜钱 4、17.陶器 10、13、43.陶狗 11、31、33、38、55、58、59.陶钵 25、26、28、40、56、57.陶罐 29、30、36.陶猪 32.陶博山炉盖 37、54.陶房 42.陶甑 44.铁器 49.骨珠 50.铜饰 51.铁剑 52.铜耳扣 53.铜器

条状中脊两瓴翘起，中脊前侧等距设瓦垄五道，瓦垄上用弧线表示筒瓦的形状，屋顶下为长方形檐板，檐下为两侧各1根边柱和中间1根一斗三升的单柱相承，房屋下部为阳台结构，阳台侧面护栏为封闭式，正面护栏分割成横长方格，阳台下部斜收；下层房体呈长方形，左右两侧及后部均呈板状结构，前面是斗拱檐架结构，为一斗三升的两根单柱上承屋檐，两柱和房屋两侧之间砌矮墙相连，中间形成大的门洞，房体中部横立一大隔板将房屋分成前后两部分，隔板中下部有一方形门洞。上层房体高26.4、面阔38.8、进深8.4厘米，下层房体高20.4、面阔32、进深9.2厘米（图三四，10；彩版二〇，3）。标本M34：37，仅存下层，为空心箱形，左右两侧及后部均为板状结构，前面是斗拱檐架结构，由中间一根一斗三升的斗拱和两侧各一根边柱共同承檐，檐拱、檐柱结合部贴五块长方形小板，屋顶平，上等距饰五道瓦垄，顶中部起弧形脊，顶后部残。高27.6、面阔36、进深11.2厘米（图三四，11；彩版二〇，1）。

陶碓房　1件。标本M34：17，泥质灰陶。顶板和底板为长方形平板结构，顶板下部为两块长方形檐板，顶板和底板之间由四根浮雕兔形空心立柱承托构成其间的框架，立柱立于底板四角并紧贴檐板，底板中部有长方形小台面1个，一侧的两柱之间竖立1板，板中部为凹形缺

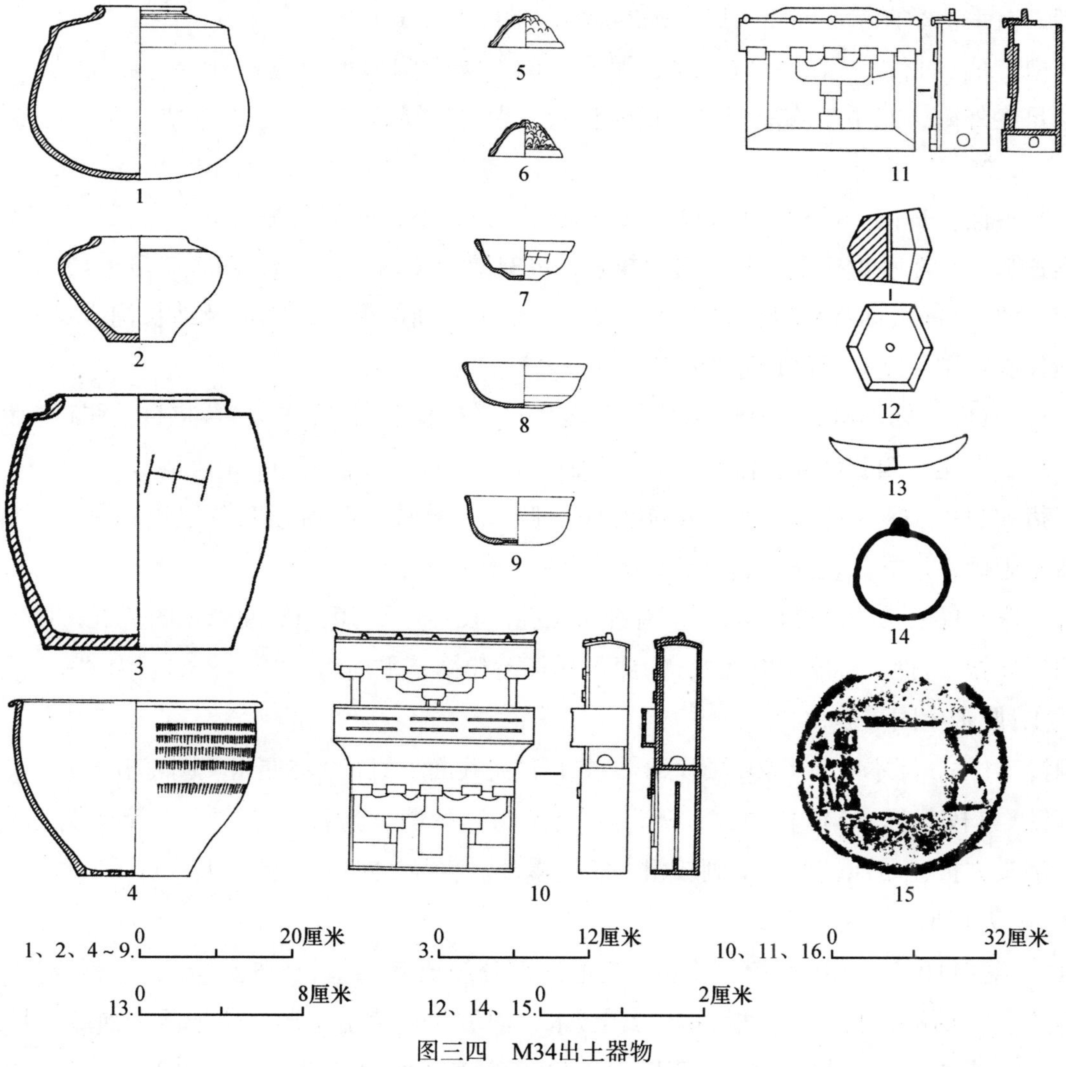

图三四　M34出土器物

1.陶圜底罐（M34：26）　2.陶平底罐（M34：40）　3.陶仓（M34：57）　4.陶甑（M34：42）　5、6.陶博山炉盖（M34：32-1、M34：32-2）　7.A型陶钵（M34：59）　8、9.B型陶钵（M34：33、M34：58）　10、11.陶房（M34：54、M34：37）　12.骨串珠（M34：49）　13.铜耳杯扣（M34：3）　14.铜铃（M34：50）　15.五铢（M34：2）

口，在凹形缺口与小台面之间斜放1碓。顶板、底板、檐板、小台面和立板均为手制，立柱为模制，然后再粘接。高15、面宽32、进深9.7厘米（图三五，1；彩版二〇，2）。

陶吹箫俑 1件。标本M34：12，泥质红陶。作跪坐状，头带圆形高顶帽，身穿交领服，衣袖卷起，双手上下握箫至嘴部，脸部肌肉隆起，似正做吹奏状。高18.2厘米（图三五，2）。

陶抚琴俑 1件。标本M34：15，泥质红陶。头带圆形平顶冠，身着右衽宽袖服，双腿盘坐，琴置腿上，左手置琴上，右手残。高17.6厘米（图三五，3）。

陶抚耳听乐俑 1件。标本M34：22，泥质红陶。头梳山形髻，扎巾，着三重衣，亵衣圆领，中衣、外衣均为交领右衽，中衣袖长至腕，外衣宽褶袖至肘，下摆成裙状，有褶边。跽坐，细眉高鼻梁，圆脸，眯眼抿嘴，右手残，左手上举紧贴左耳，似作凝神聆听状。高23.5厘米（图三五，4）。

陶击鼓俑 1件。标本M34：14，泥质红陶。头带进贤冠，身着交领服，双腿盘坐，鼓置腿前，右手上举，左手覆按鼓面。高18.6厘米（图三五，5）。

陶舞蹈俑 1件。标本M34：5，泥质红陶。头着髻，身着右衽及地长裙，裙下摆起折，腰间束带，右手上举握拳，左手叉腰。高24厘米（图三五，6）。

陶抱囊俑 1件。标本M34：34，泥质红陶。头带圆形平顶冠，身着右衽长服，腰间束带，两足尖外露，双手于胸前合抱一长囊状物，囊状物斜靠在左肩上，作站立姿。高35.7厘米（图三五，7）。

陶庖厨俑 1件。标本M34：39，泥质灰陶。头着巾，面部清楚，身着右衽长服，盘腿席坐，案置腿前，左手覆按案上物，右手执匕。高31厘米（图三五，8；彩版二〇，4）。

陶童俑 1件。标本M34：45，体形较小，光头，面部模糊，宽袖及地长袍，身着右衽宽袖及地长服，拱手站立。高19厘米（图三五，9）。

陶狗 1件。标本M34：10，泥质红陶。昂首平视，颈戴项圈，竖耳瞪目，张口咧齿，兜肚系栓环，卷尾，四肢站立，注视前方。长23、高20.4厘米（图三五，10）。

陶猪 1件。标本M34：29，泥质红陶。俯首，鼓眼，凸嘴，四肢粗短，尾卷于臀部一侧，造型肥硕，站立。长26、高11.6厘米（图三五，11）。

骨串珠 1件。标本M34：49，中有细小穿孔。长径1.1、短径0.7厘米（图三五，12）。

铜耳杯扣 1件。标本M34：3，为漆木耳杯上扣饰，平面为月牙形，剖面为“┓”形。长6.8、宽1.1厘米（图三五，13）。

铜铃 1件。标本M34：50，圆球形，空心，纽残断。直径0.85厘米（图三五，14）。

五铢 1枚。标本M34：2，“五”字交叉两笔弯曲，“铢”字“金”字头为三角形，“朱”字头方折，质地较差，笔画较粗，字迹漫漶。直径2.5厘米（图三五，15）

B型 刀把形，共8座。

M4 墓向105°。由甬道、墓室、墓道三部分组成。墓室长5.6、宽3.16、残高1.92米；甬道位于墓室前端，长2.56、宽2.64、高1.7米；斜坡状墓道呈梯形，位于甬道前端，长3、宽0.9～1.64、深1.7米，坡度40°。墓壁由菱格纹砖错缝平砌而成。墓室和甬道的券顶保存较好，部分垮塌，由菱形十字纹榫卯砖横向起券而成。墓底用素面榫卯结构子母砖平砌而成。由

图三五 M34出土陶器

1.碓房（M34：17） 2.吹箫俑（M34：12） 3.抚琴俑（M34：15） 4.抚耳听乐俑（M34：22） 5.击鼓俑（M34：14） 6.舞蹈俑（M34：5） 7.抱囊俑（M34：34） 8.庖厨俑（M34：39） 9.童俑（M34：45） 10.狗（M34：10） 11.猪（M34：29）

于后期盗扰，葬式不明、葬具仅存木棺朽痕。随葬器物81件，集中分布在墓室前端，器类有陶罐、陶盆、陶甑、陶博山炉、陶钵、陶房、陶塘、陶俑、铁釜、铁刀、铁剑、铁削、石黛板与石研子、抖珠、铜釜、铜盆、铜洗、铜壶、铜钱等（图三六；彩版一一）。

陶圜底罐　2件。标本M4：14，泥质灰陶。小口，斜方唇，中直领，广肩，斜弧腹。唇部有三道划痕，肩部饰剔刺纹，腹部以下饰竖向绳纹。口径12、高20厘米（图三七，1）。标本M4：22，泥质灰黑陶。小口，方圆唇，短领，折肩。下腹至底饰斜向绳纹。口径12、高12厘米（图三七，2）。

陶平底罐　4件。按照肩部形态分为二型。

A型　鼓肩罐，3件。按照领部形态分为二亚型。

Aa型　无领，2件。标本M4：72，泥质青灰陶。体态较瘦高。上腹饰横断绳纹。口径15.6、底径15.2、高19.4厘米（图三七，3）。标本M4：6，泥质灰陶。体态较矮胖。肩、腹部饰横断绳纹，口径17、底径17.2、高20.4厘米（图三七，4）。

Ab型　短领，1件。标本M4：24，泥质灰陶。卷沿，尖圆唇。唇部有三道划痕，斜弧腹。口径12.6、底径15.6、高16.5厘米（图三七，5）。

B型　溜肩罐，1件。标本M4：27，泥质灰陶。侈口，卷沿，束颈，鼓腹，平底。肩部饰凹弦纹及剔刺纹。口径11.6、底径7.2、高12厘米（图三七，6）。

陶筒形罐（陶仓）　1件。标本M4：75，泥质灰黑陶。敛口，方圆唇，无颈，平肩，桶形腹，平底。体型较小。腹部饰凹弦纹四周。口径12.6、底径14.7、高16.5厘米（图三七，7）。

陶盆　2件。形制为敛口，平折沿，尖唇，斜弧腹，深腹，平底。腹部饰一组短细绳纹。标本M4：69，泥质黄褐陶。口径36.8、底径15.2、高22.8厘米（图三七，8）。标本M4：70，泥质灰褐陶。口径40、底径15.2、高24.6厘米（图三七，9）。

陶甑　1件。标本M4：49，泥质灰陶。盆形，底有箅孔5个，下腹及底有较厚铁锈，出土时置于铁釜上。腹部饰凹弦纹及短细绳纹。口径36.8、底径17.6、高20.8厘米（图三七，10）。

陶博山炉　1件。标本M4：37，泥质红陶。子母口，浅盘，杯状足，有盖，盖上堆塑山峦，无气孔。口径9.2、足径9.8、高13.4厘米（图三七，11）。

陶钵　3件，按照腹部形态分为二型。

A型　腹部急折，1件。标本M4：4，泥质灰陶。敞口，小平底。折腹处有三道短粗划痕。口径18.4、底径5.8、高6.8厘米（图三七，12）。

B型　腹部缓折，2件。标本M4：3，泥质灰陶。敞口，小平底。折腹处有三道短粗划痕。口径18、底径6、高7厘米（图三七，13）。标本M4：33，泥质灰陶。敞口，小平底。素面。口径17.6、底径5、高7.2厘米（图三七，14）。

陶房　1件。标本M4：26，泥质灰陶。形制为悬山两面坡屋顶，屋顶上有瓦垅五道，上层圈以回廊，中柱一斗三升承拱，左右各施一单斗承拱，下房为平顶悬山式屋顶，门位于一侧，左右各一柱，柱上一斗三升承拱。长37、宽16、高57.6厘米（图三七，15）。

陶塘　1件。标本M4：42，泥质红陶。长方形浅盘，四周起塘埂，塘内有堤中分，堤缺口在塘边，塘内有蛙、龟、菱、莲、螺、鱼、燕等小动物。长40、宽26、塘埂高4厘米（图三七，16）。

陶侍从俑　2件。标本M4：53，泥质红陶。女性，头梳双髻，左髻残，右髻上有穿孔，面

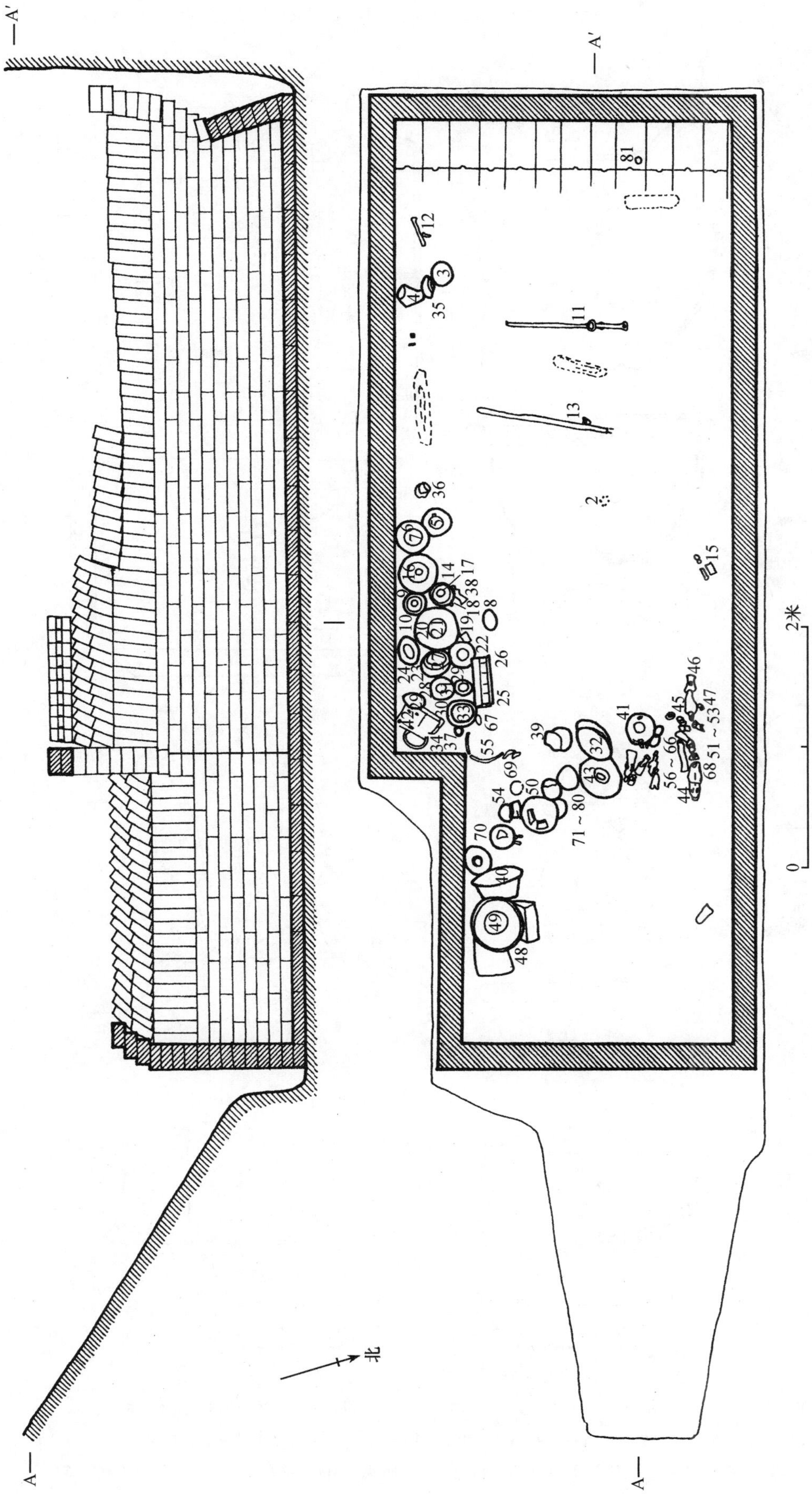

图三六 M4平、剖面图

1.石研子 2.料珠 3、4、7～9、16、18、19、21、29、33～35、76～80.陶钵 5、6、10、14、17、20、22～24、27、28、30、31、36、43、48、50、54、71～75.陶罐 11、13.铁剑 12.铁刀 15.石黛板 25、26.陶房 32.铜釜 37、67.陶博山炉 38、51～53、56～66、68.陶俑 39、41.铜壶 40.铜盆 42.陶塘 44.陶狗 45～47.陶鸡 49.陶甑 55.陶猪 69、70.陶盆 81.铜钱

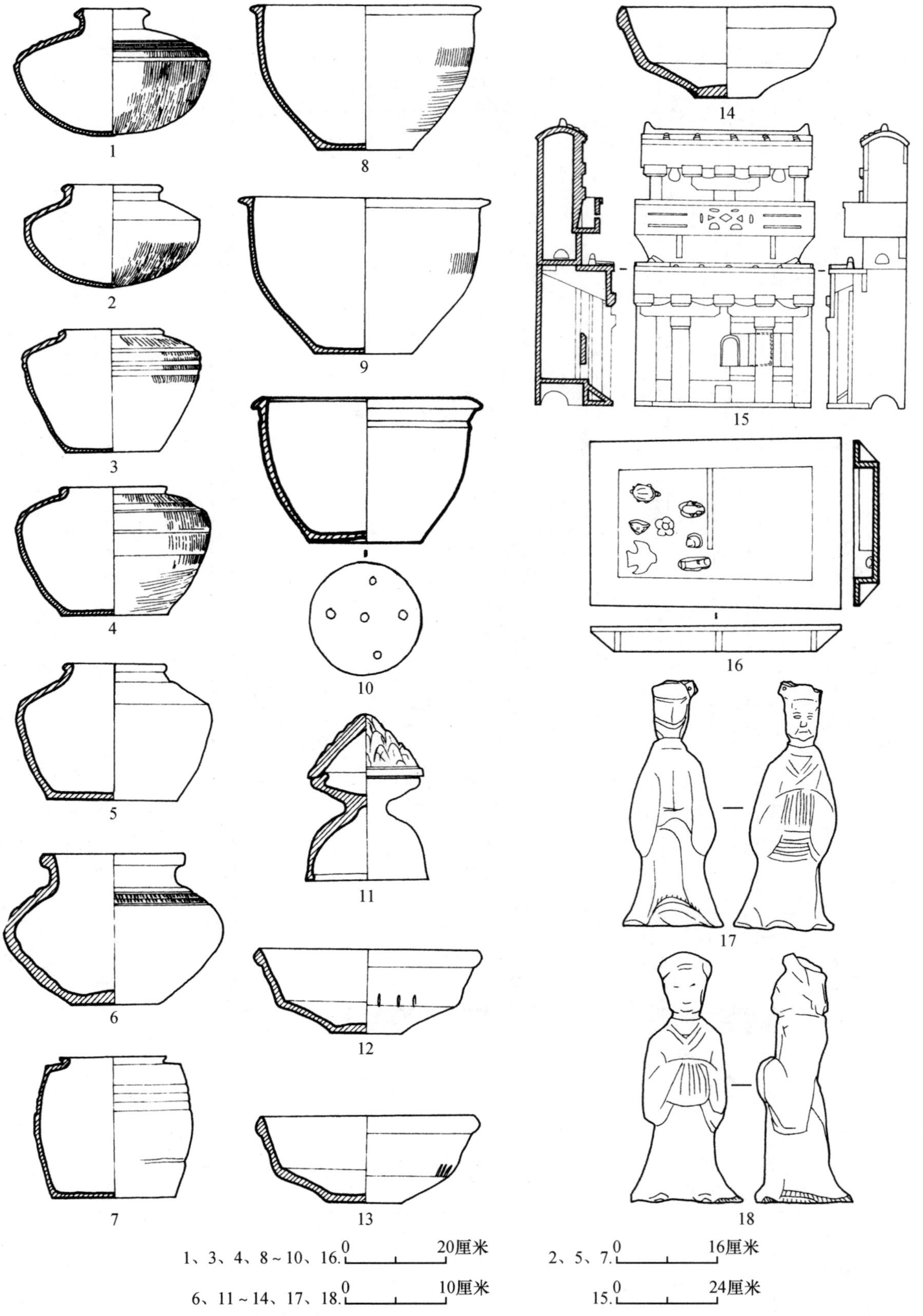

图三七　M4出土陶器

1、2.圜底罐（M4：14、M4：22）　3、4.Aa型平底罐（M4：72、M4：6）　5.Ab型平底罐（M4：24）　6.B型平底罐（M4：27）　7.筒形罐（M4：75）　8、9.盆（M4：69、M4：70）　10.甑（M4：49）　11.博山炉（M4：37）　12.A型钵（M4：4）　13、14.B型钵（M4：3、M4：33)　15.房（M4：26）　16.塘（M4：42）　17、18.侍从俑（M4：53、M4：38）

部清晰，足部外露。通高19.6厘米（图三七，17）。标本M4：38，泥质红陶。女性，头梳高髻，面部较模糊，及地长裙，下摆缝缀，足尖外露。通高19.6厘米（图三七，18）。

陶佩剑侍卫俑　1件。标本M4：51，泥质红陶。男性，头着帻巾，交领长服，广袖束腰，双手拢于胸前，左肋挟剑，足不外露。高22.2厘米（图三八，1）。

陶抚琴俑　1件。标本M4：68，泥质红陶。跪坐，头着帻巾，面部清晰，高鼻梁深目，面带微笑，交领长服，琴置膝上，双手抚琴。高17.6厘米（图三八，2）。

陶抚耳听乐俑　1件。标本M4：62，泥质红陶。头梳高髻，交领长服，左手置于膝上，右手抚耳，面露微笑，神态清晰。高17.9厘米（图三八，3）。

陶击鼓俑　1件。标本M4：63，泥质红陶。跪坐，头戴进贤冠，交领长服，鼓置于两膝前，左手抚鼓，有作敲击状。高16.3厘米（图三八，4）。

陶舞蹈俑　1件。标本M4：64，泥质红陶。头梳高髻，交领长服，广袖束腰，身体右倾，左手提裙，右手平端上举，足下右底座。高23.6厘米（图三八，5）。

陶驾驭俑　1件。标本M4：52，泥质红陶。跪坐，头戴方帽，宽眉深目高鼻，交领长服广袖，双臂平举，袖中有两空洞，似执缰绳。高17.6厘米（图三八，6；彩版二一，1）。

陶顶罐俑　1件。标本M4：66，泥质红陶。交领短裳，罐置头上，左手置于胸前，右手抚罐，面部较模糊，体形较小，足部外露。高18.8厘米（图三八，7；彩版二一，2）。

陶童俑　1件。标本M4：65，泥质红陶。体形较小，光头，面部模糊，宽袖及地长袍，上手抚胸前。高16.2厘米（图三八，8）。

陶鸡　17件。根据体态特征分二型。

A型　子母鸡，1件。标本M4：47，泥质红陶。踞伏，昂首，无冠，底座较矮，背上站立以子鸡，胸前卧一小鸡，两翼各伏一鸡。长1、高10.3厘米（图三八，9；彩版二一，3）。

B型　公鸡，1件。标本M4：46，泥质红陶。高底座，站立，昂首，高冠，无足，体形矮小。长19.4、高10.5厘米（图三八，10；彩版二一，4）。

陶狗　1件。标本M4：44，泥质红陶。昂首，张口，咧齿，颈套项圈，尾上翻置于后背。长27.6、高21.6厘米（图三八，11；彩版二一，5）。

陶猪　1件。标本M4：55，泥质红陶。短吻垂首，卷尾，体态肥硕。长22、高11.6厘米（图三八，12）。

铁三足釜　1件。标本M4：48，敛口，方唇，鼓腹，圜底，三扁足，体形较大，出土时上置陶甑。口径28.8、通高36厘米（图三九，1）。

铁刀　1件。标本M4：11，锐刃，厚背，环首，残锋，柄用麻绳捆绑，鞘用木片制成，外裹麻绳，髹黑漆，出土时鞘与刀身锈在一起。残长96厘米（图三九，2）。

铁剑　1件。标本M4：13，锐锋，中脊明显，扁茎，茎后部残失，似为铜格铁剑。残长94厘米（图三九，3）。

铁削　2件。均为环首直刃，标本M4：12，叶宽柄窄。刀身似用绢丝物缠裹。长18.6厘米（图三九，4；彩版二一，6）。标本M4：83，叶、茎等宽。残长12.3厘米（图三九，5；彩版二一，6）。

石黛板　1件。标本M4：15，长方体薄片，形制规整，使用面平整光滑，背面较粗糙，青灰色页岩制作。墨绿色，长10.7、宽4.8、厚0.55厘米（图三九，6）。

图三八　M4出土陶器

1.佩剑持卫俑（M4：51） 2.抚琴俑（M4：68） 3.抚耳听乐俑（M4：62） 4.击鼓俑（M4：63） 5.舞蹈俑（M4：64） 6.驾驭俑（M4：52） 7.顶罐俑（M4：66） 8.童俑（M4：65） 9.A型鸡（M4：47） 10.B型鸡（M4：46） 11.狗（M4：44） 12.猪（M4：55）

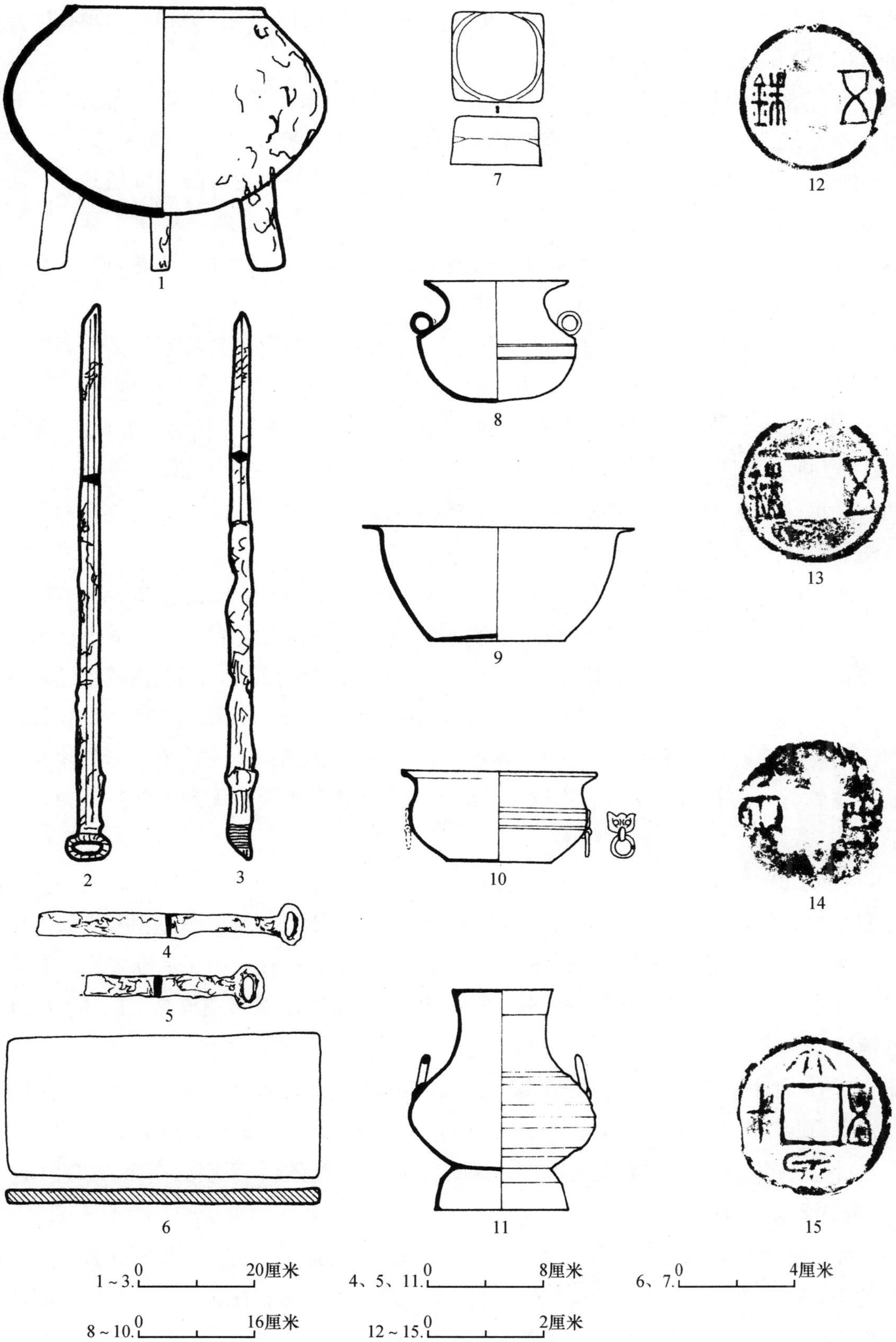

图三九　M4出土铁器和铜器

1.铁三足釜（M4：48）　2.铁刀（M4：11）　3.铁剑（M4：13）　4、5.铁削（M4：12、M4：83）　6.石黛板（M4：15）　7.石研子（M4：1）　8.铜釜（M4：41）　9.铜盆（M4：32）　10.铜洗（M4：39）　11.铜壶（M4：77）　12、13五铢（M4：79）　14.半两（M4：37）　15.大泉五十（M4：65）

石研子　1件。标本M4：1，圆台形纽，正方形底座，使用面平整，光滑，与黛板配套使用。纽径2.8、底座径3、高1.65厘米（图三九，7）。

铜釜　1件。标本M4：41，敞口，尖唇，束颈，留肩，弧腹，圜底近平，肩部有两对称圆耳，腹部有两道凹弦纹，下腹及底有较厚烟炱。口径20、高16.4厘米（图三九，8）。

铜盆　1件。标本M4：32，敞口，折沿，尖唇，斜弧腹，平底略凹。口径37.6、底径18.8、高15.6厘米（图三九，9）。

铜洗　1件。标本M4：39，侈口，折沿，尖唇，鼓腹，平底。腹部有两对称铺首衔环，器表饰三道瓦棱纹。口径27.2、底径14.8、高12.4厘米（图三九，10）。

铜壶　2件，标本M4：77，敞口，束颈，鼓腹，高圈足。肩部两对称圆环，器表饰瓦棱纹。口径6.8、足径9.8、高15.2厘米（图三九，11）。

五铢　1枚。标本M4：79，"五"字交叉两笔弯曲，"铢"字"金"字头为三角形，"朱"字头方折，直径2.4厘米（图三九，12）。标本M34：2，直径2.5厘米（图三九，13）。

半两　1枚。标本M4：37，体型小巧，钱文较粗糙，"半"字二横等长，"连山两"。直径2.3厘米（图三九，14）。

大泉五十　1枚。标本M4：65，背面内外郭较高，钱文篆体对读。直径2.8厘米（图三九，15）。

M5　墓向30°。由甬道、墓室、墓道三部分组成。墓室长3.7、宽2.35、残高1.12米；甬道位于墓室前端，长2.48、宽1.9、残高1.3米；墓道被破坏，形制不详。墓壁由菱形纹砖错缝平砌而成。墓室和甬道的券顶大部分垮塌，由菱形纹榫卯砖纵向起券而成。由于后期盗扰，葬式、葬具不明。墓室被严重扰动，扰土为灰褐色块状黏土，结构松散，包含有大量砖块和少量陶片、瓷片、铁丝、塑料、橡胶等，为扰乱后的堆积，因扰乱严重，无残留随葬品和人骨架（图四〇）。

M13　墓向130°。由甬道、墓室、墓道三部分组成。墓室长3.64、宽2.5、残高15米；甬道位于墓室前端，长1.76、宽1.5、残高1.5米；墓道被破坏，形制不详。墓壁由菱格纹砖错缝平砌而成。墓室和甬道的券顶被完全破坏。墓底用绳纹砖平砌而成。由于后期盗扰，葬式不明、葬具仅存木棺朽痕。随葬器物15件，分布在甬道和墓室前端，器类有陶甑、陶钵、陶井、铜环、铁棺钉、铜钱、琉璃耳珰（图四一）。

陶甑　1件。标本M13：16，泥质灰陶。盆形，斜弧腹，底有箅孔47个，胎较薄，下腹有铁锈痕，器底内凹。沿下饰两道瓦棱纹。口径40.4、底径18、高22.6厘米（图四二，1）。

陶钵　1件。标本M13：1，泥质灰黑陶。敛口，圆唇，浅弧腹，平底。素面。口径18.6、底径5.2、高6.8厘米（图四二，2）。

陶井　1件。标本M13：8，泥质灰陶。仅存井盖部分，形制为正方形，四隅作弧状内凹，中央圆形井眼，井口两侧有对称长方形孔，当为安置井架处，底部有圆形圈足。盖面刻划鱼纹、菱格纹、枝草纹。边长23.6、高2、井眼孔径6.6厘米（图四二，3）。

琉璃耳珰　2件。形制为短圆柱，细腰，中部穿孔，浅蓝色，半透明质。标本M13：22，体形较小。高1.5厘米（图四二，4）。标本M13：3，体形较大。高1.85厘米（图四二，5）。

M15　墓向220°。由甬道、墓室、墓道三部分组成。墓室长3.5、宽3.2、残高0.94米；甬

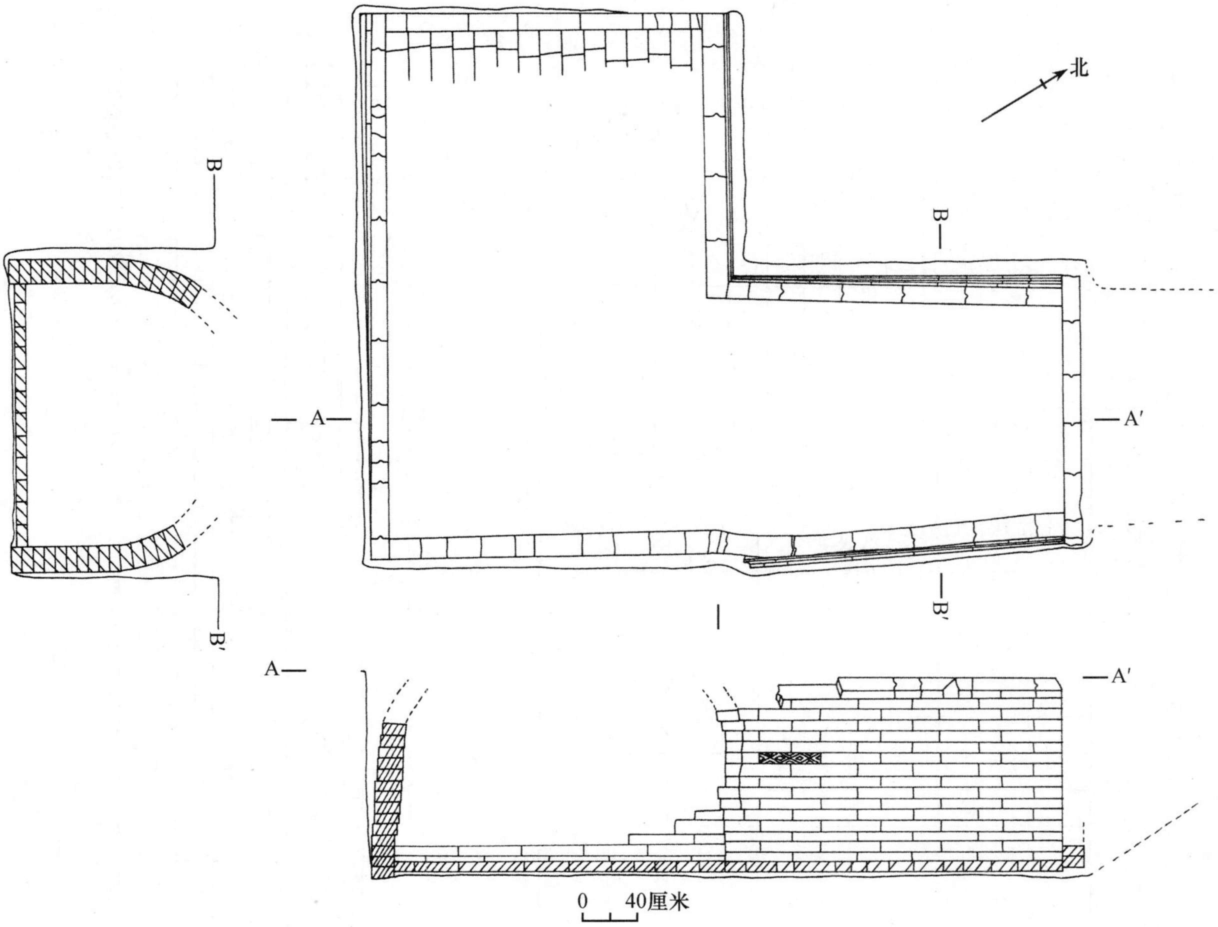

图四〇　M5平、剖面图

道位于墓室前端，长2.4、宽1.9、残高1.21米；墓道呈椭圆形，位于甬道前端，长径1.51、短径1.26、残高0.86米。墓壁由素面砖错缝平砌而成。墓室和甬道的券顶大部分垮塌，由菱形十字纹榫卯砖横向起券而成。墓底用素面砖错缝平砌而成。封门位于墓道与甬道之间，用菱形十字纹榫卯砖错缝平砌而成。由于后期盗扰，葬式不明、葬具仅存木棺朽痕。随葬器物42件，大部分分布在墓室前端和甬道内，器类有陶罐、陶钵、陶甑、陶碓房、陶井、陶塘、陶房、陶俑、铜耳杯扣、铜棺饰、铜钱等（图四三；彩版一二）。

陶圜底罐　1件。标本M15：2，夹细砂灰陶。小口，折沿，尖唇，广肩，凹底，体态肥扁。肩部有两道凹弦纹及一戳印纹，肩部至底压制竖向粗绳纹并以四道宽抹痕分隔开。口径10.8、腹径30、高17厘米（图四四，1；彩版二二，1）。

陶平底罐　1件。标本M15：4，敞口，方唇，圆肩，鼓腹，平底。肩腹有四道宽凹弦纹，将饰于肩及腹上部的菱形印纹分隔开。口径12.7、底径12、高15.2厘米（图四四，2；彩版二二，2）。

陶塘　1件。标本M15：34，长方形浅盘，四周起塘埂，塘内有堤将塘完全隔开，一侧有鱼及菱角，一侧有田螺。长33.2、宽21.6、高5.2厘米（图四四，3）。

陶抚琴俑　1件。标本M15：22，跪坐，头着帻巾，交领长服，琴置膝上，双手抚琴。高18.2厘米（图四四，4）。

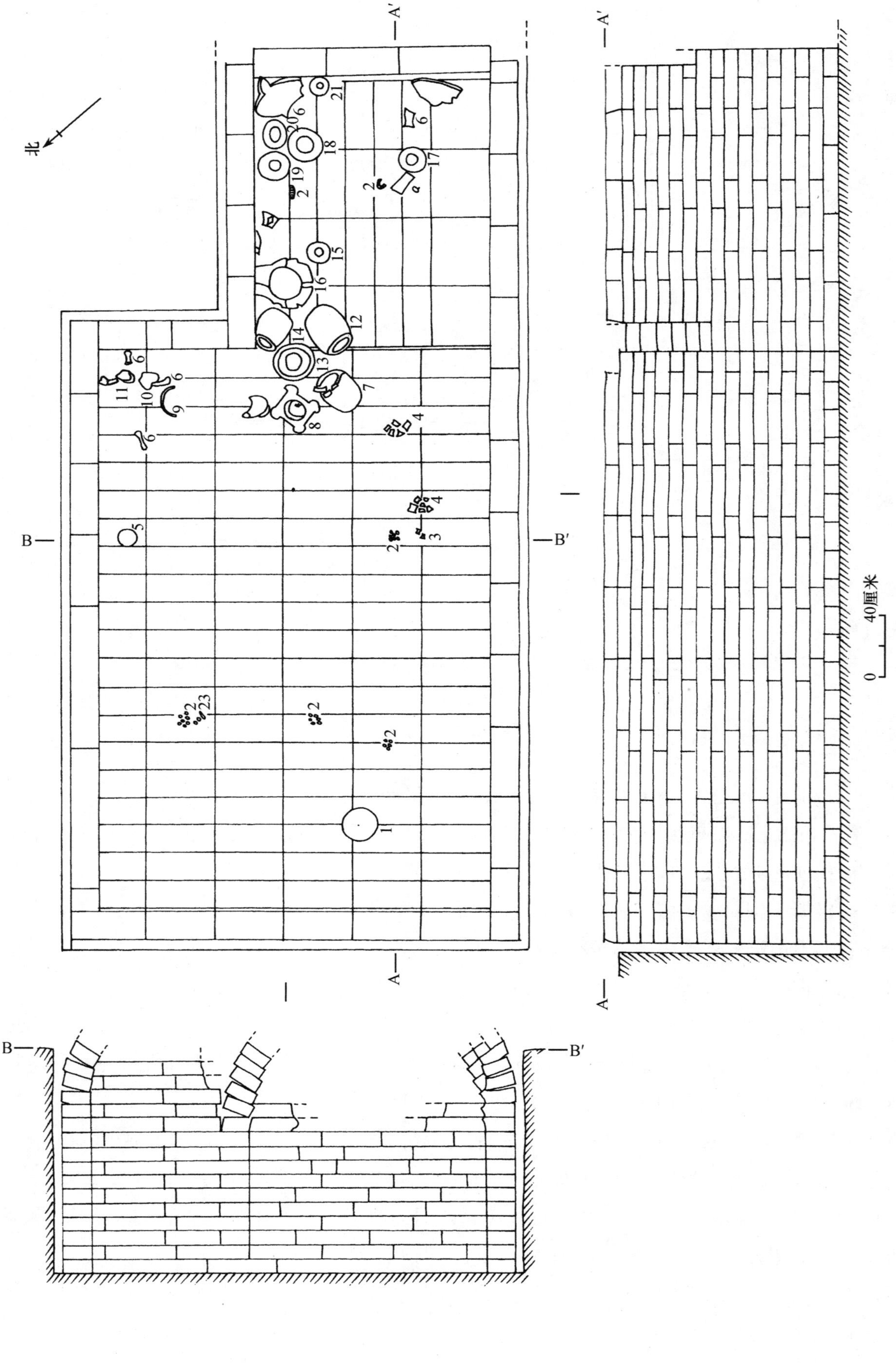

图四一 M13平、剖面图

1、4、7、10～14、22. 陶罐 2、23. 铜钱 3. 耳珰 5、15、17～21. 陶钵 6. 铁钉 8. 陶井 9. 铜环 16. 陶甑

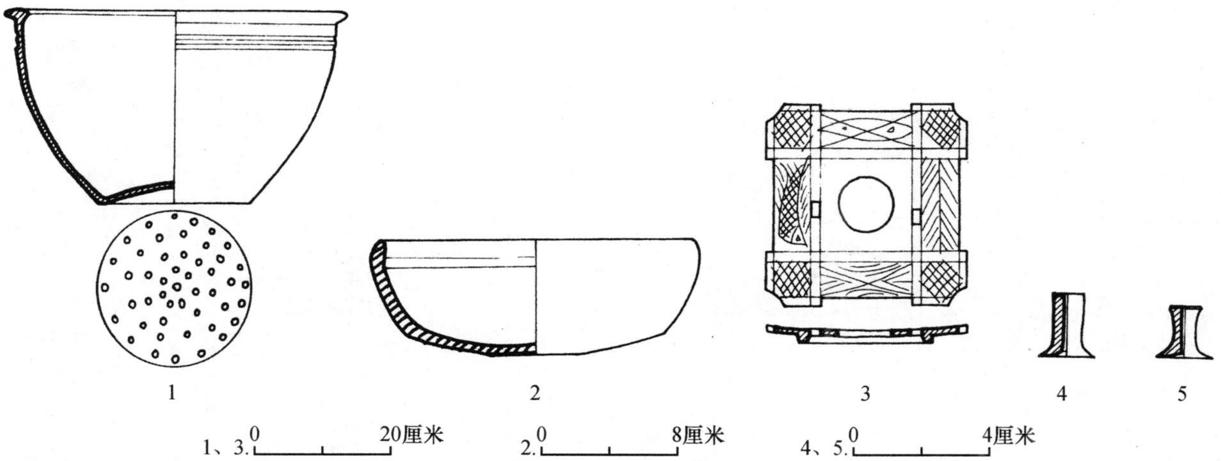

图四二　M13出土器物

1.陶甑（M13：16）　2.陶钵（M13：1）　3.陶井（M13：8）　4、5.琉璃耳珰（M13：22、M13：3）

陶舞蹈俑　1件。标本M15：29，梳山形髻，束巾，左手掖袖提裙，右手举于胸侧，做舞蹈状。高21.4厘米 (图四四，5) 。

陶鸡　1件。标本M15：6，公鸡形态，尖喙，昂首，有冠绶，尖翘尾，高底座，座两侧雕出站立双足。高19.2厘米（图四四，6；彩版二二，3、4）。

铜耳杯扣　1件。标本M15：15，为漆木耳杯上扣饰，平面为月牙形，剖面为“ ┐”形，外表鎏金，长6.8、宽1.45、厚0.7厘米（图四四，7）。

铜棺饰　1件。标本M15：10，形如“几”字，表面有鎏金。长3.3、宽1.7厘米（图四四，8）。

剪轮五铢　1枚。标本M15：28，无外郭，钱文特征锈蚀不清。直径1.8厘米（图四四，9）。

M16　墓向225°。由甬道、墓室、墓道三部分组成。墓室长3.6、宽2.5、残高0.09～1.48米；甬道位于墓室前端，长2.06、宽1.46、残高0.3～1.0米；斜坡状墓道呈梯形，位于甬道前端，长0.82、宽1.64～1.76、残高0.3米，坡度32°。墓壁由菱形纹砖错缝平砌而成。墓室和甬道的券顶大部分垮塌，墓室券顶由菱形纹榫卯砖纵向起券而成，甬道券顶由菱形纹榫卯砖横向起券而成。墓底用素面砖和菱形纹榫卯砖混合平砌而成。由于后期盗扰，葬式、葬具不明。墓室铺地砖上铺一层约2厘米厚的木炭及红烧土垫土。随葬器物30件，大部分分布在墓室前端和甬道内，器类有陶罐、陶盆、陶釜、陶勺、陶博山炉、陶饼、陶钵、骨串珠等（图四五）。

陶罐　2件，按照肩部形态分为二型。

A型　鼓肩，1件。标本M16：13，泥质灰陶。敛口，卷沿，圆唇，短领，鼓肩，圆鼓腹，大平底。肩部有一圈凹弦纹。口径10.8、腹径20、底径12.8、高16.6厘米（图四六，1；彩版二三，1）。

B型　溜肩，1件。标本M16：7，泥质黄陶。侈口，卷沿，圆唇，束颈，圆鼓腹，平底。肩下部有一圈戳印纹，腹部有一道凹弦纹。口径15.2、底径13、高17.4厘米（图四六，2）。

陶盆　1件。标本M16：5，泥质红胎，施低温酱黄色铅釉。敞口，尖唇，平折沿，束颈，溜肩，斜直腹急收成小平底。腹部有两道凹弦纹。口径26.2、底径9、高8.9厘米（图四六，3）。

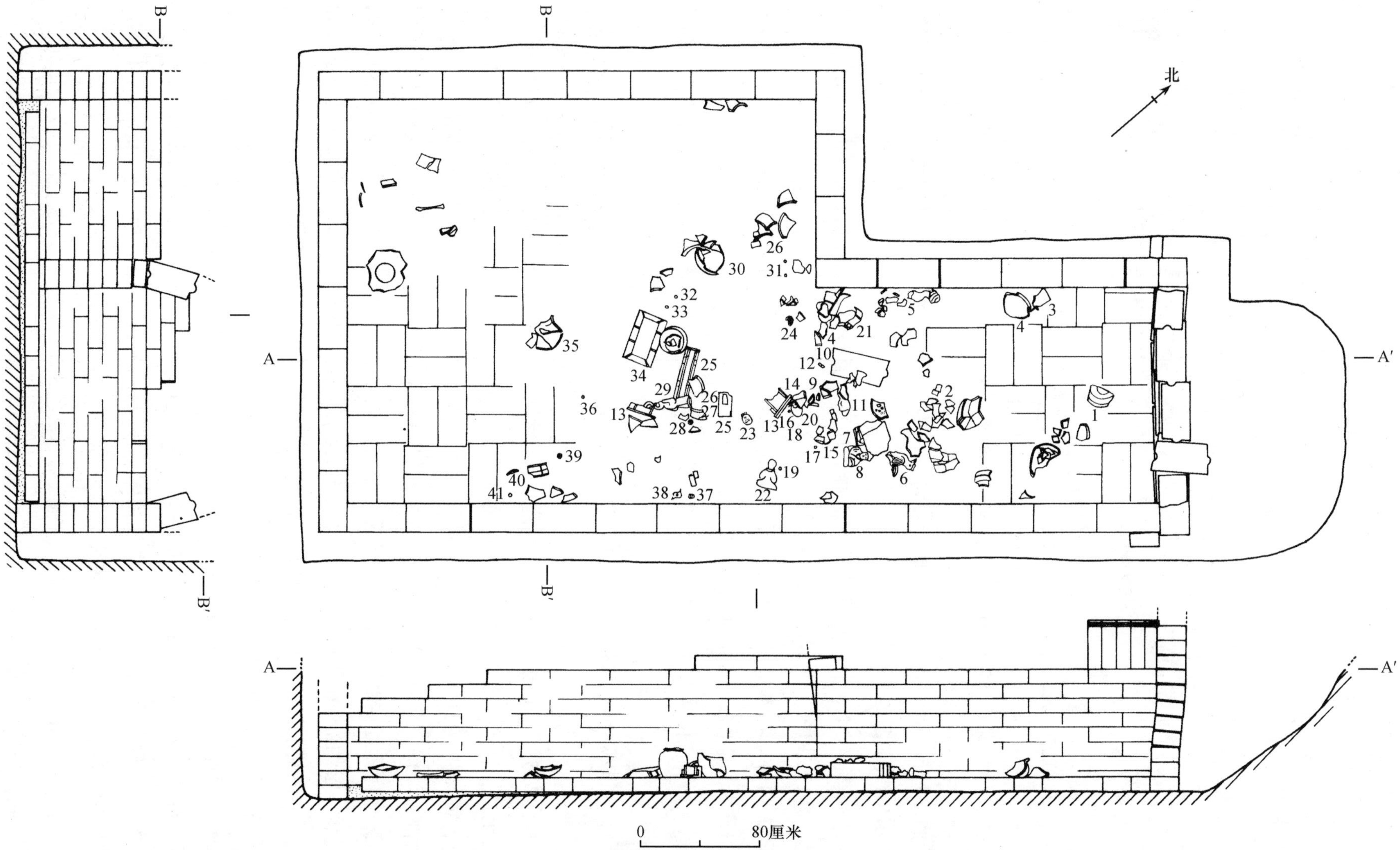

图四三 M15平、剖面图

1.陶钵 2、4、14、27、30、35.陶罐 3、13.陶房屋模型 5、9.陶狗 6、38.陶鸡 7.陶水井 8.陶抚耳俑 10、12.铜饰件 11.陶吹箫俑 15、16、40.铜耳杯扣 17～19、24、28、31～33、36、37、39、41.铜钱 20.陶猪 21.陶庖厨俑 22.陶抚琴俑 23.陶执袋俑 25.陶碓房 26.陶甑 29.陶舞俑 34.陶塘

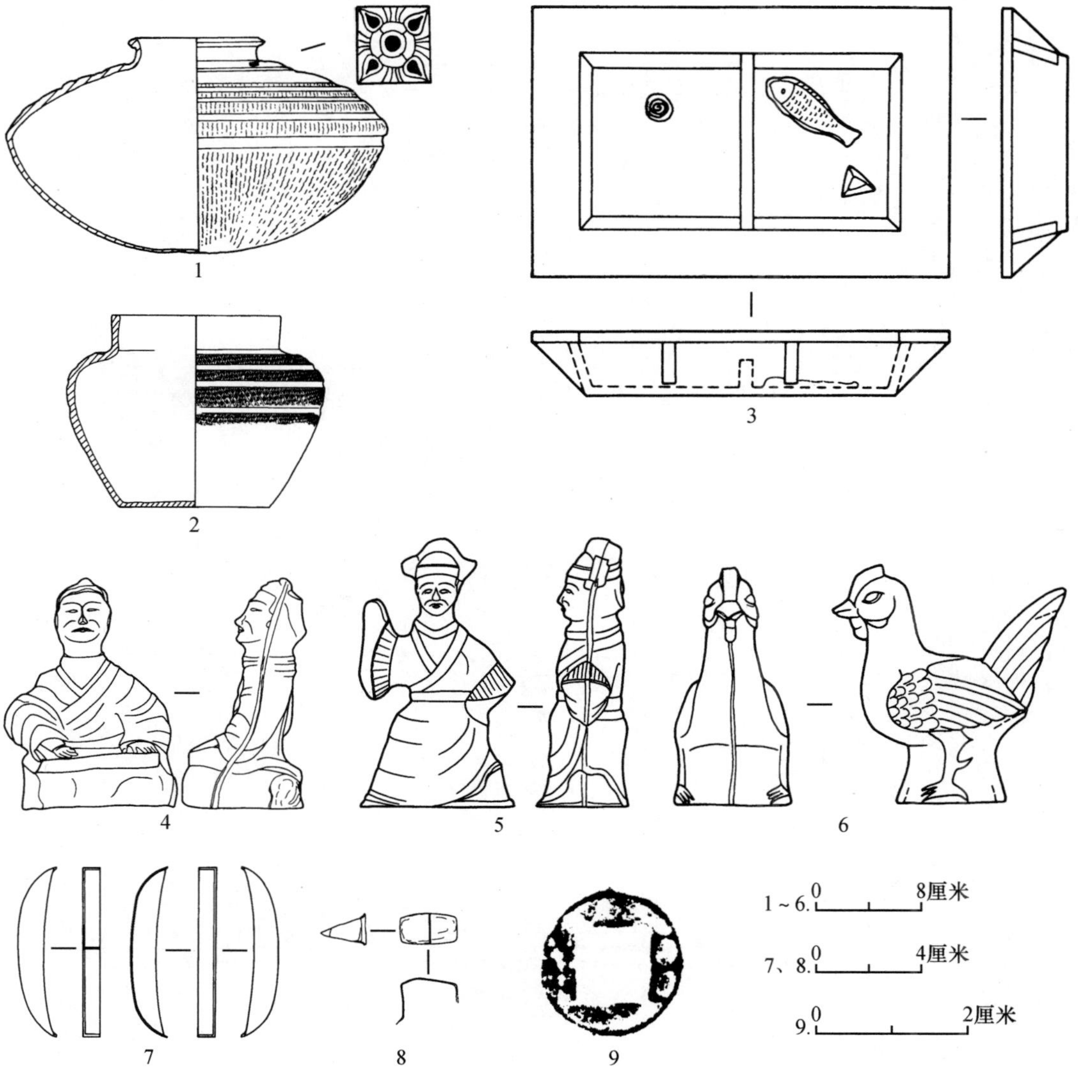

图四四　M15出土器物

1.陶圜底罐（M15：2）　2.陶平底罐（M15：4）　3.陶塘（M15：34）　4.陶抚琴俑（M15：22）　5.陶舞蹈俑（M15：29）　6.陶鸡（M15：6）　7.铜耳杯扣（M15：15）　8.铜棺饰（M15：10）　9.剪轮五铢（M15：28）

陶釜　1件。标本M16：4，泥质红陶，器表施酱黄釉。卷沿，鼓腹，圜底。肩部有两锥纽，并有一圈凹弦纹。口径12、高9厘米（图四六，4；彩版二三，2）。

陶勺　1件。标本M16：28，泥质红陶，施酱黄釉。粗柄圆斗，柄尾下弯，斗内及柄部施釉，柄部切削修整痕迹明显。长16厘米（图四六，5；彩版二三，3）。

陶博山炉　1件。标本M16：18，盖为锥形顶，顶部周围有三个卵形镂孔，最内为八个山形饰，中间是九个云形饰，外圈为十八个山形饰。口径10.8、高14.2厘米（图四六，6；彩版二三，4）。

陶饼　1件。标本M16：12，用绳纹瓦块四周打制成七棱柱形，一面上有压制绳纹。宽2.7、高1.1厘米（图四六，7）。

陶钵　2件，按照腹部形态分为二型。

A型　折腹，1件。标本M16：6，夹砂黄陶。敞口，小平底。底内略有凹陷。腹内中部有一圈折棱。口径18.2、底径4.8、高6.5厘米（图四六，8）。

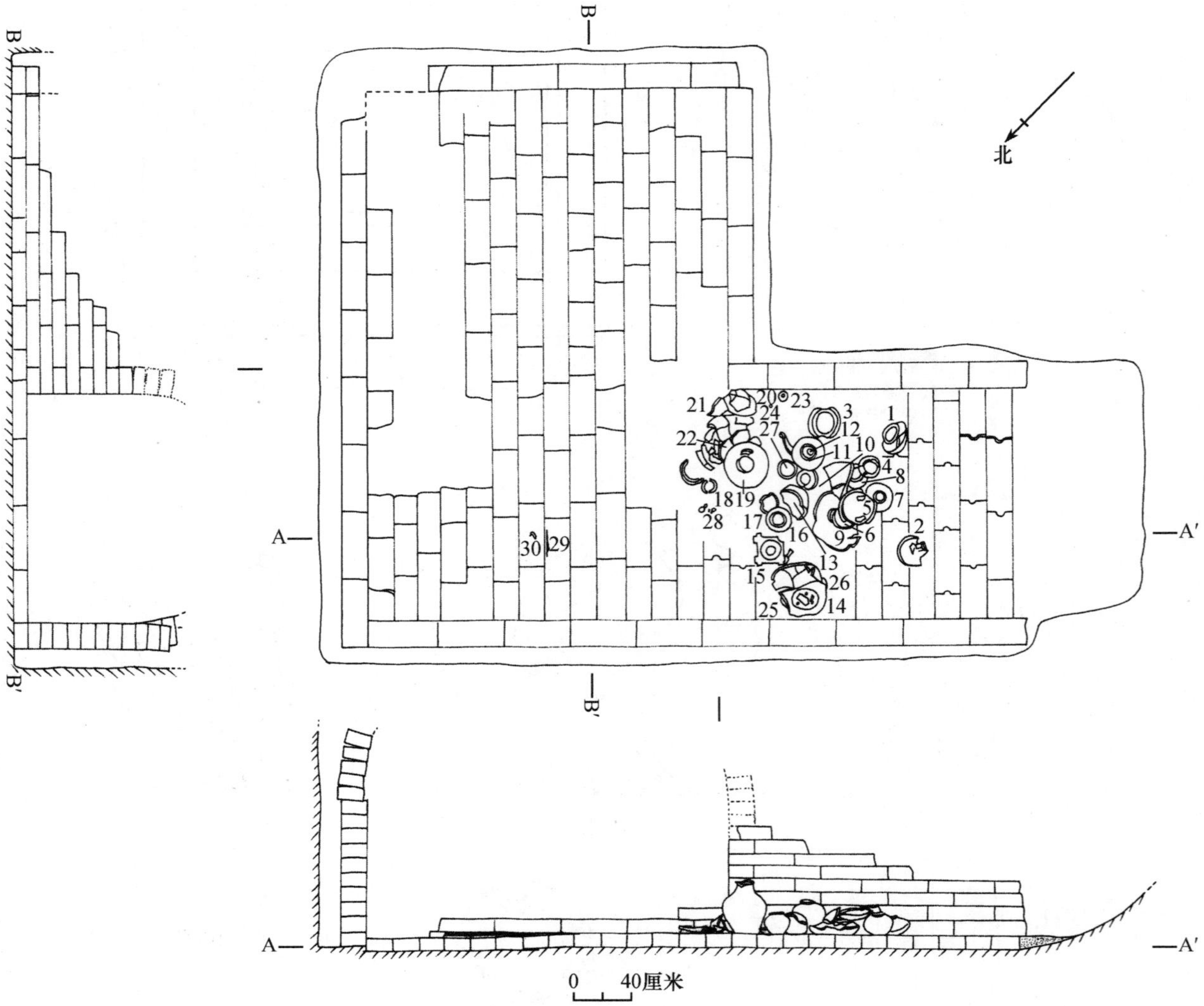

图四五　M16平、剖面图

1、4、10、11. 陶釜　2、6、22、26、27. 陶鉢　3、5、21. 陶盆　7～9、13、20. 陶罐　12. 陶饼　14. 陶甑　15. 陶井　16、19. 陶钟　17、25. 小陶鉢　18. 陶博山炉　23. 小陶罐　24. 骨饰　28. 陶勺　29. 铁削　30. 铜钱

B型　深弧腹，1件。标本M16：2，泥质灰陶。敛口，圆唇，平底。素面。口径16、底径7、高6.4厘米（图四六，9）。

骨串珠　1件。标本M16：24，六棱柱形十四面体，中间有圆孔。白色。高0.9厘米（图四六，10）。

M21　墓向23°。由甬道、墓室、墓道三部分组成。墓室长2.75、宽2.52、残高0.6～0.8米；甬道位于墓室前端，长1.6、宽1.4、残高0.71米；墓道呈半圆形，位于甬道前端，长1、宽1.75、残高0.71米。墓壁由车轮纹及菱形纹、麦穗纹砖混合错缝平砌而成。墓室和甬道的券顶大部分垮塌，由车轮纹榫卯砖纵向起券而成。墓底用素面砖纵向对缝平砌而成。封门位于墓道与甬道之间，用菱形纹和车轮纹砖混合错缝平砌而成。由于后期盗扰，葬式、葬具不明。随葬器物32件，大部分分布在墓室中部和甬道内，器类有陶罐、陶勺、陶灯、陶塘、陶俑等（图四七；彩版九，2、4）。

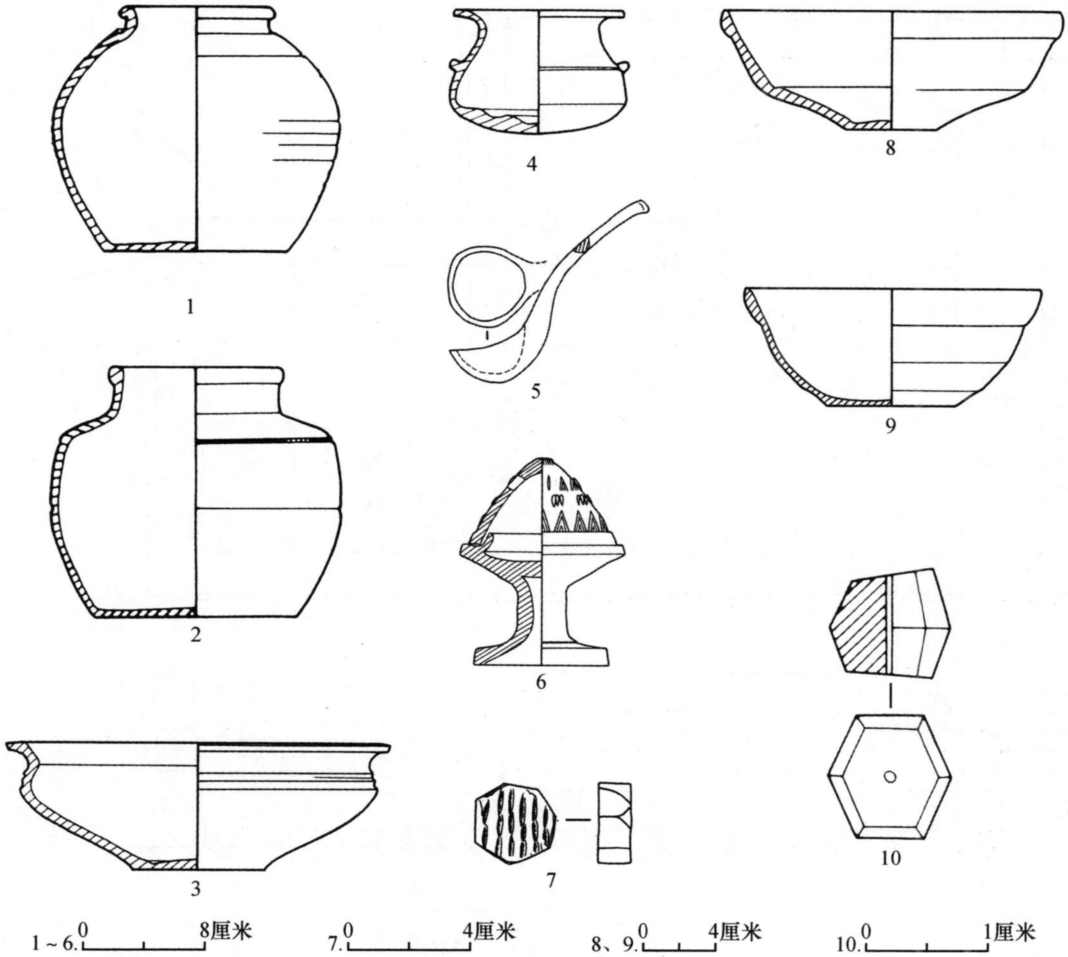

图四六　M16出土器物

1.A型陶罐（M16：13） 2.B型陶罐（M16：7） 3.陶盆（M16：5） 4.陶釜（M16：4） 5.陶勺（M16：28） 6.陶博山炉（M16：18） 7.陶饼（M16：12） 8.A型陶钵（M16：6） 9.B型陶钵（M16：2） 10.骨串珠（M16：24）

陶罐　1件。标本M21：13，夹细砂灰陶。敛口，圆唇，无领，广肩斜折，弧腹，平底。肩至腹部有五道轮制抹痕，并饰有六道戳印纹。口径14.8、底径13.6、高21厘米（图四八，1）

陶勺　1件。标本M21：5，泥质红陶，施酱黄釉。粗柄圆斗，勺柄较短弯曲。柄尾下弯，斗内及柄部施釉，柄部切削修整痕迹明显。长13.2厘米（图四八，2）。

陶灯　1件。标本M21：4，侈口，直腹，短柄，柄部中空。口径10.8、足径10.4、高11厘米（图四八，3；彩版二四，2）。

陶塘　1件。标本M21：10，均为长方形浅盘，四周起塘埂，塘内有堤中分略作分隔为两部分，大的一侧有莲蓬、田螺、藕，小的一侧有鱼及乌龟等。长22、宽11.2、高2.8厘米（图四八，4；彩版二四，3）。

陶狗　1件。标本M21：7，直立状，阔嘴，短竖耳，张口咧齿，颈套项圈，兜肚系栓环，卷尾。长27.4、高22厘米（图四八，5；彩版二四，4）。

M27　墓向180°。由甬道、墓室、墓道三部分组成。墓室长5.4、宽2.4、残高06～1.2米；甬道位于墓室前端，长2.1、宽1.5、残高0.6～1.8米；斜坡状墓道呈长方形，位于甬道前端，长

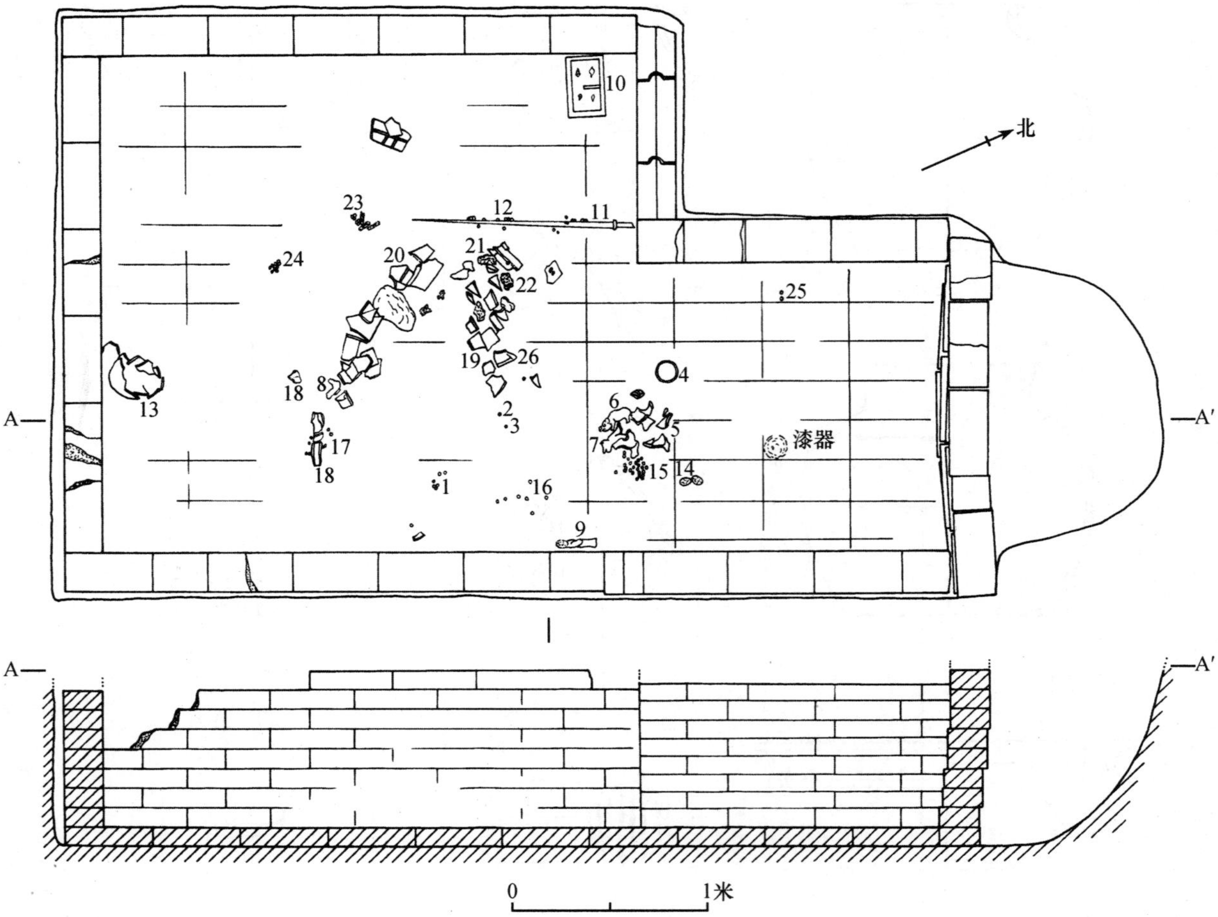

图四七 M21平、剖面图

1～3、12、15～17、23～25. 铜钱 4. 陶灯盏 5. 陶勺 6. 陶猪 7. 陶狗 8. 陶鸡 9、21、27、32. 陶俑 10. 陶水塘 11. 铁剑 13. 陶罐 14. 鸡蛋 18. 陶舞俑 19. 陶房 20. 陶甑 22. 铁器 26. 陶釜 28. 陶博山炉 29. 釉陶釜 30. 陶庖厨俑 31. 陶抚琴俑

1.7、宽2.06、残高1.6米。墓壁由回形纹砖错缝平砌而成。墓室和甬道的券顶大部分垮塌，券顶由“富贵”纹榫卯砖横向起券而成。墓底用素面砖错缝平砌而成。由于后期盗扰，葬式、葬具不明。墓底被严重扰动，扰土为黄褐色，土质较硬，内含残砖块、烧土块及青花瓷片等，无随葬器物（图四九）。

M31　墓向60°。由甬道、墓室、墓道三部分组成。墓室长5、宽2.4、残高1.04米；甬道位于墓室前端，长2.6、宽1.9、残高1.8米；斜坡状墓道呈长方形，位于甬道前端，长4.7、宽1.4、残高1.8米，坡度30°。墓壁由菱形纹砖错缝平砌而成。甬道券顶基本完好，墓室券顶坍塌，由菱形纹砖纵向起券而成。墓底用素面砖纵横交错平铺平砌而成。封门位于墓道与甬道之间，残高1.8米，由“富贵”纹榫卯结构砖、菱形几何纹残砖随意混合砌成。在甬道口封门与墓道相接处、墓道填土上方与甬道券顶几乎同一高度的位置出现一方形祭坑，该坑用4块残砖以砖的宽度作为高度围砌成方形（其中有2块残砖能合为1块整砖），底未铺砖，顶平盖1残砖，“坑”内平放1灰陶罐，上倒扣1灰陶钵。由于后期盗扰，葬式不明，葬具仅存木棺朽痕。随葬器物44件，分布在墓室和甬道各处，器类有陶罐、陶钵、陶饼、陶灯、陶豆、陶壶、陶俑、铁刀、石黛板、铜钱等（图五〇；彩版一三）。

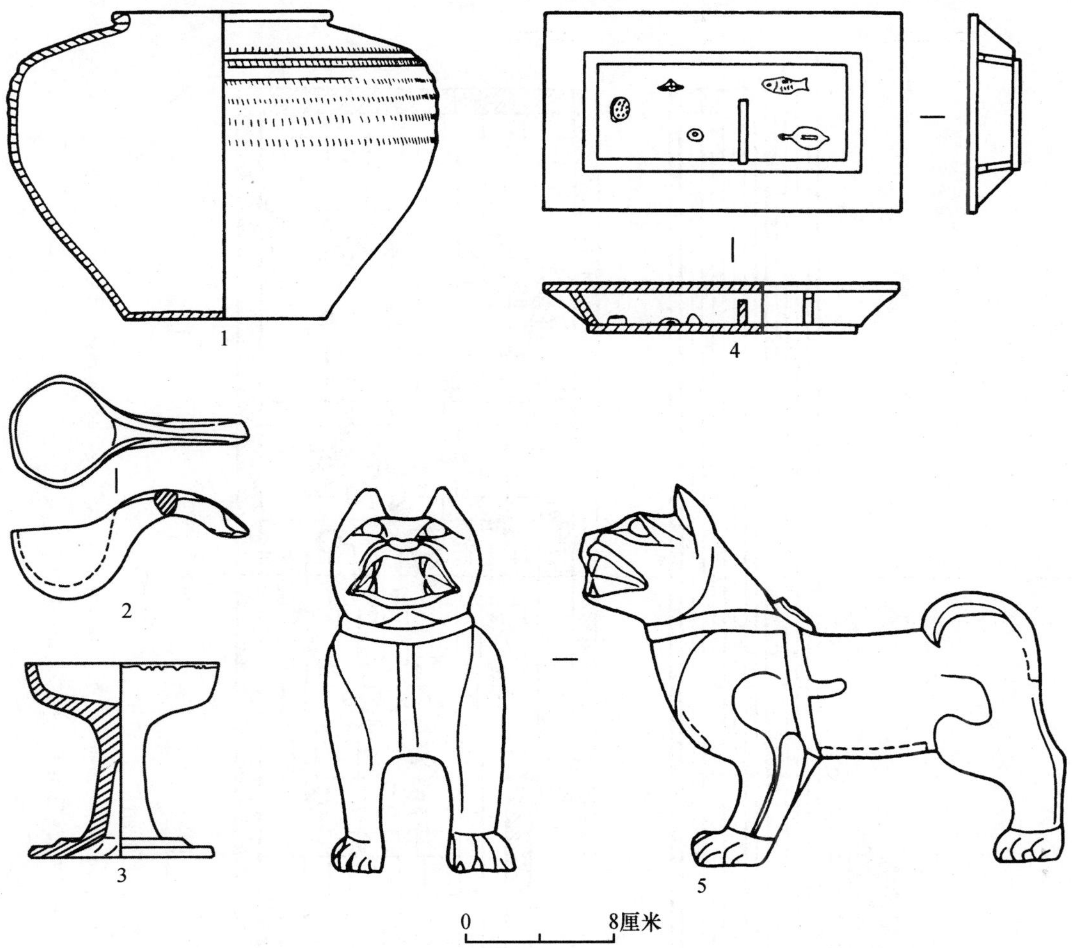

图四八　M21出土器物

1.陶罐（M21：13）　2.陶勺（M21：5）　3.陶灯（M21：4）　4.陶塘（M21：10）　5.陶狗（M21：7）

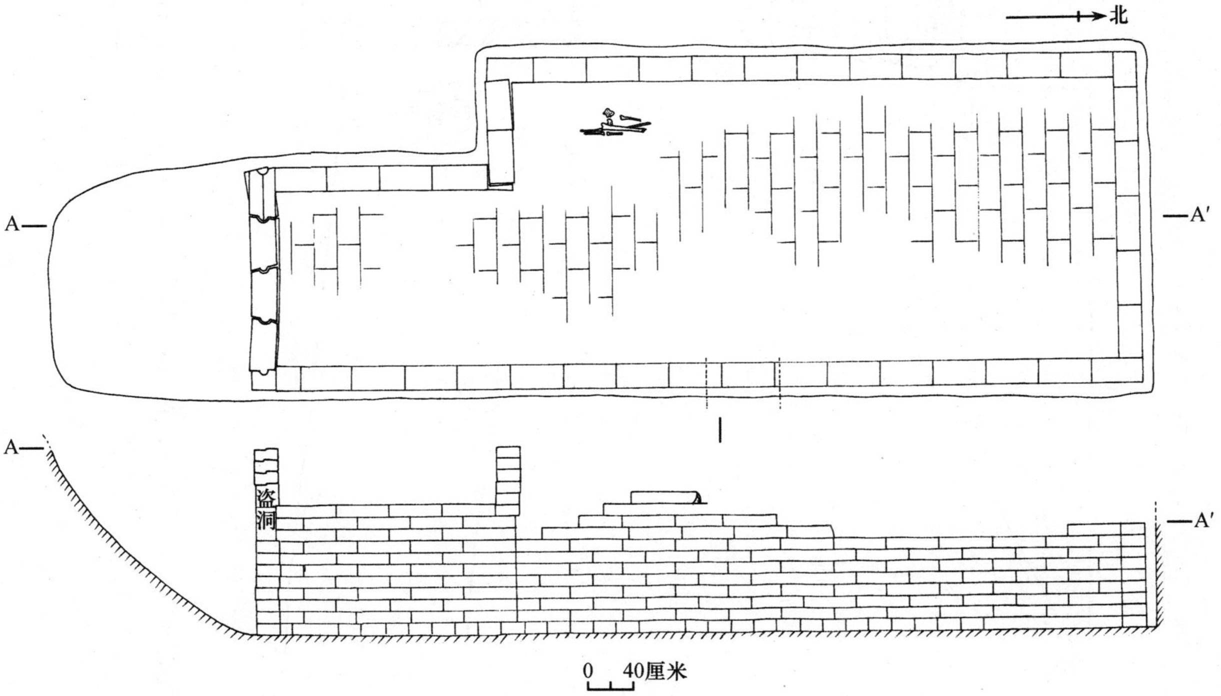

图四九　M27平、剖面图

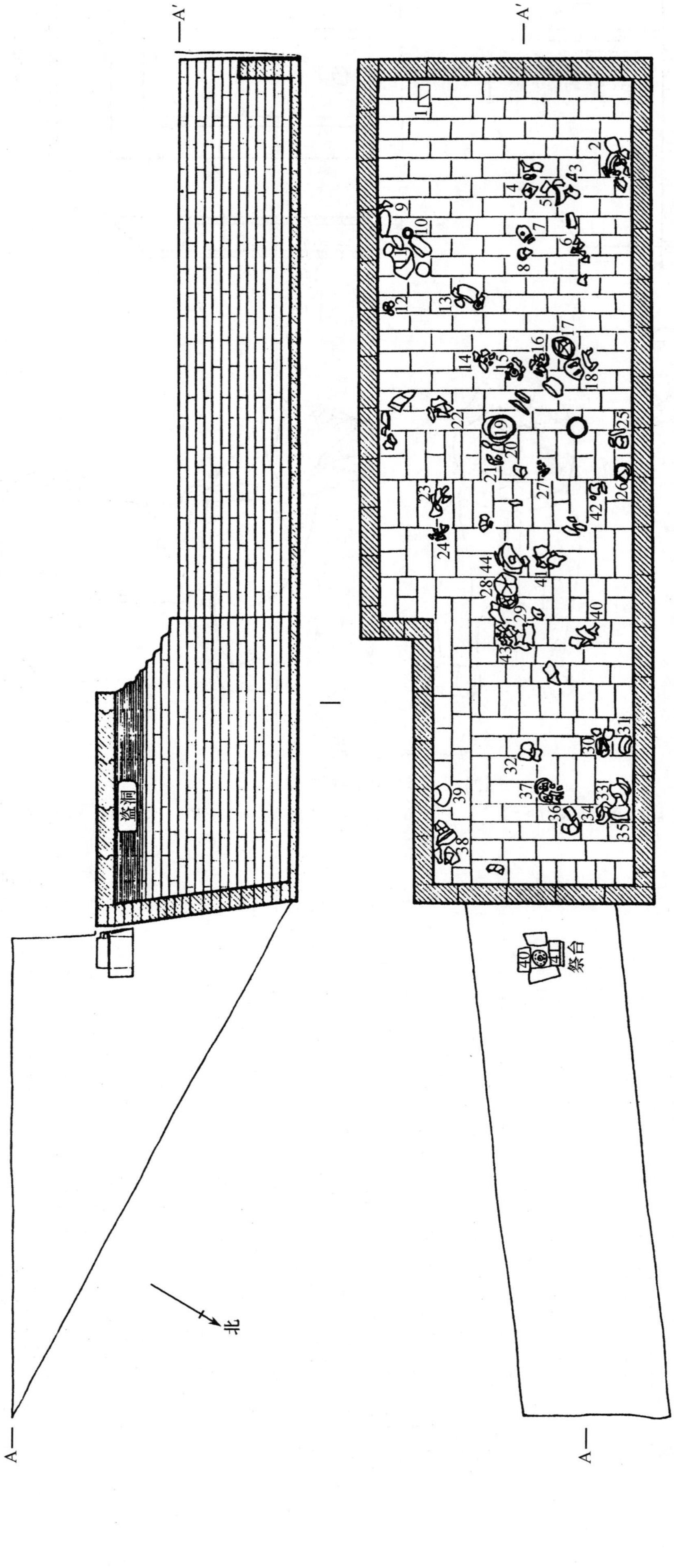

图五〇 M31平、剖面图

1.石黛板 2、5、8、9、14、16、18、19、21~23、28~30、33、34、36、39、41.灰陶罐 3.陶猪 4、20.红陶俑 6、17、24~26、31、32、38、40. 灰陶钵 7.铜钱 10.灰陶豆 15.陶灯 11.红陶壶 12、42、43.陶饼 13、37.陶片 27.青铜器残片 35.釉陶壶 44.铁刀

陶筒形罐（陶仓）　1件。标本M31：5，泥质灰陶。敛口，方圆唇，唇尖外卷，短领，平肩，桶形腹，平底。肩腹相交处饰三角形戳点纹一周。口径11.5、底径13.2、高19.5厘米（图五一，1）。

陶饼　2件。标本M31：12，泥质灰陶。用素面陶片四周打制成扁平圆形。直径2.8、厚0.75厘米（图五一，2；彩版二五，1）。标本M31：43，红褐色泥质陶。用绳纹瓦块四周打制成扁平圆形，面饰竖向粗绳纹。直径3.5、厚1.5厘米（图五一，3）。

陶灯　1件。标本M31：15，泥质灰陶。灯盘呈“碗”形，敞口，圆唇，弧腹，长粗柄为实心，喇叭状座，座沿略内收，手制痕迹明显。高26.5厘米（图五一，4；彩版二五，3）。

陶侍从俑　1件。标本M31：4，男性，头带圆形平顶冠，面部清楚，著右衽宽袖服，跪坐。高17.1厘米（图五一，5；彩版二五，4）。

石黛板　1件。标本M31：1，长方体薄片，形制规整，使用面平整光滑，背面较粗糙，青灰色页岩制作。长14.2、宽8、厚1厘米（图五一，6；彩版二五，2）。

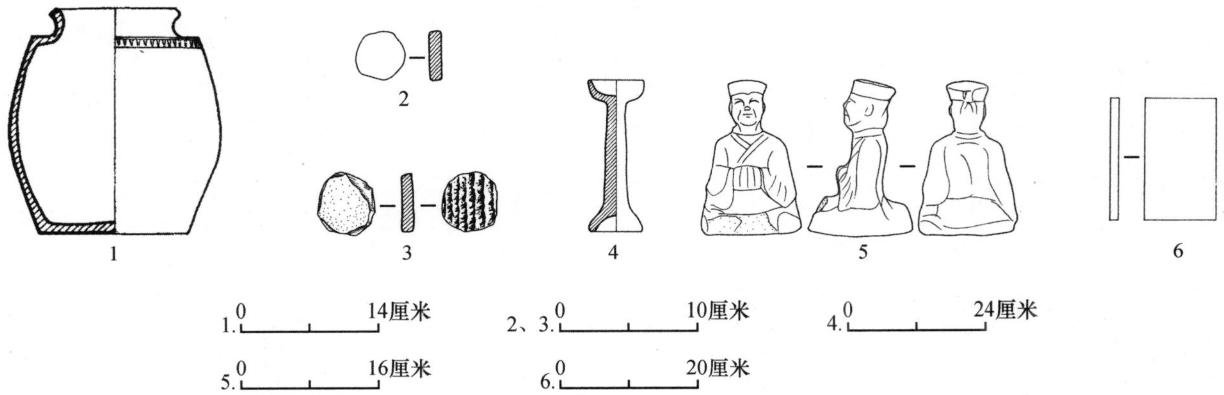

图五一　M31出土器物

1.陶筒形罐（M31：5）　2、3.陶饼（M31：12、M31：43）　4.陶灯（M31：15）　5.陶侍从俑（M31：4）　6.石黛板（M31：1）

第四节　时代判断与几点认识

本期墓葬由于其形制（券顶结构，墓室内中空）和所用建筑材料（高温烧制的灰砖）的特殊性，使得很多墓砖也被当地居民起取用作修筑猪圈、厕所、水渠等的辅助性建筑材料，导致大部分墓葬券顶垮塌，铺地砖被扰动，仅残留部分墓壁，随葬器物也被扰动破坏或盗取，这些因素都给本期墓葬的准确分期和断代造成了一定影响。在川渝地区，土坑墓与砖室墓的交替转变是在王莽时期，而“砖室墓在王莽时期主要分布在秦汉以来中原移民比较集中的川西地区，以后分布的区域才逐步扩大，数量也逐渐增多，至东汉晚期达到最盛”。综合本期墓葬形制和随葬器物组合，我们把本期墓葬分为两期。

第一期：东汉中晚期，属于此期的墓葬有15座（M4、M5、M6、M9、M10、M13、M15、M16、M19、M21、M25、M26、M27、M31、M34），墓葬类型有石室墓（M9）、砖室墓两类，均带券顶。平面结构有凸字形、刀形两种。这批墓葬除M4外，都被破坏得较严重，出土的陶器并不多，常见器型有罐、盆、甑、钵等，低温釉陶器占相当数量。人物俑、动物俑及房、塘等模型器普遍出现。俑类器物绝大多数为泥质红陶，陶质疏松，个体较小。钱币除少量半两、货泉外，大多为东汉五铢，钱质精良，制作较好。M31、M34两墓内出土的陶罐、陶钵形制基本相同，其埋藏时代应大体相当。两墓内出土物为渝东地区东汉中晚期墓所习见，如釉陶壶M31：35与巫山双堰塘遗址同类出土物M707：16相似，陶房M34：54与巫山双堰塘遗址M707：3-1、M707：3-5组成的复原器物近似，吹箫俑M34：12也与达县曹家梁东汉墓同类出土物相似①。

第二期：蜀汉时期，属此期墓葬有1座（M3），墓葬形制是凸字形砖室墓，墓内扰乱严重，随葬品大多残缺不全，可资比对材料相对匮乏，从现存器物观察，器物组合与型式同上期差异不大，只是灰陶比例明显增多，少见红陶器，陶俑个体较大，制作精良，残碎女俑多头戴花帼，男俑额上眉际有“白毫相”，总体特征与忠县涂井蜀汉墓出土陶俑相同。钱币都为东汉晚期五铢钱，钱体轻薄，字迹大多漫漶，剪轮钱数量较多。

① 罗二虎：《四川汉代砖室墓的初步研究》，《考古学报》2001年4期。

第五章　六朝时期墓葬

第一节　墓葬分布

本期墓葬共4座，它们是M1、M11、M12、M32，主要位于墓群北、南部。分布在海拔155～175米的台地或坡地上，排列无明显规律，均未见封土堆。

第二节　墓葬形制

1. 墓室形制

皆为券顶砖室墓，有“刀”形和“凸”字形两种形制。甬道前端带有斜坡墓道。由于二十世纪改土造田对砖室墓破坏严重，墓葬券顶基本垮塌或消失，部分墓底铺砖被起取做他用，现存墓室深0.22～1.62米。

2. 墓向

墓向大致分为两种：M12这1座墓的墓向与长江流向相反，M1、M11、M32这3座墓的墓向与长江流向基本一致。

3. 葬具

因土壤酸碱度、湿度以及人类活动等因素的影响，保存较差，仅部分墓葬残存少量棺板灰。

4. 葬式

在土壤酸碱度、湿度尤其是人类活动等因素的影响下，仅少数墓葬残留人骨残片或者朽痕，无法辨其葬式。

5. 随葬器物的位置

本期墓葬的随葬器物数量较少，基本置于甬道内和墓室四周，墓室中部很少。

第三节　墓葬描述

本期4座墓葬，由于后期扰动，有1座墓葬破坏严重，形制不清，其余3座墓葬可分为二型。

A型　“凸”字形，2座。

M1　墓向20°。墓道情况不详，现存墓室、甬道两部分。墓室长2.6、宽2.44、残高0.22～1.62米；甬道口被断坎破坏，甬道残长1.64、宽1.52、残高0.1～1.2米。墓壁砖用车轮、菱格纹砖错缝平砌，其砖长0.46、宽0.22、厚0.11米；墓底用素面砖错缝平铺一层，铺底砖长0.46、宽0.22、厚0.06米；墓室西壁残存少许券顶砖，券顶为“富贵”纹榫卯砖横向起券，券顶砖长0.45～0.48、宽0.22、厚0.11米。墓内盗扰严重，一盗洞打破墓室西壁，扰土为五花土，土质疏松，包含大量墓砖和器物残片等。随葬器物29件，有青瓷盘口壶、瓷碗、瓷盏、铁釜、铁钉、铜发钗、铜耳环、铜钱、料珠项链等（图五二）。

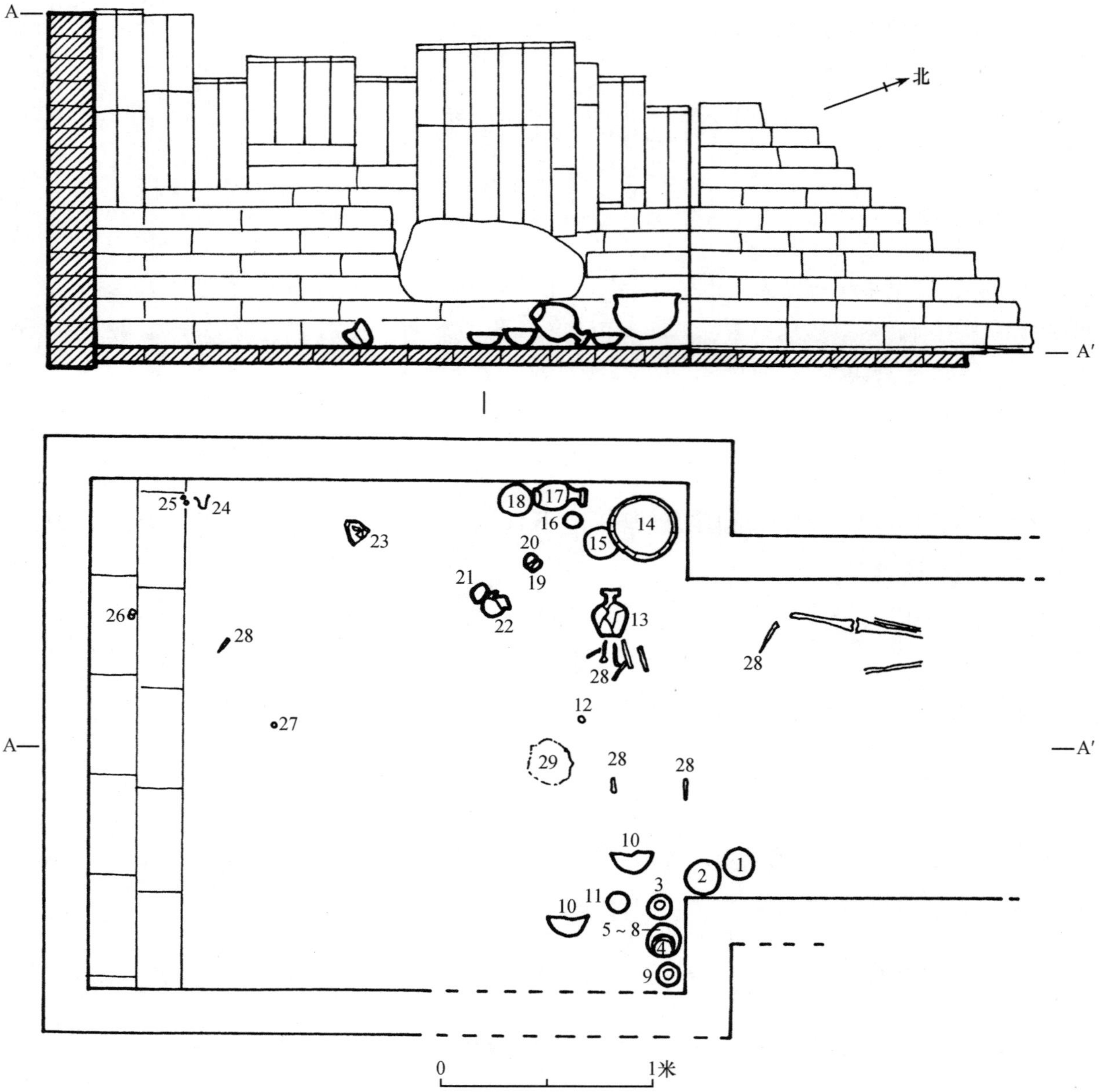

图五二　M1平、剖面图

1、2、4、10、13、15、18、22、23.瓷碗　3、9、13、17.青瓷盘口壶　5～8、11、16、19～21.瓷盏　12、26、27.铜钱　14.铁釜　24.铜发钗　25.铜耳环　28.铁钉　29.料珠项链

瓷盘口壶　3件，按照个体大小分二型。

A型　个体较小，2件。均为盘口外撇，束颈，溜肩，腹略鼓，平底。肩部黏接四对称泥条扁系。标本M1：9，肩部一道凹弦纹，下腹及底施白黄色化妆土。口径5、底径6.4、高11.4厘米（图五三，1）。标本M1：3，唇部一组、肩部四组（四个一组）褐色点彩施于釉下。口径6.2、底径4.8、高11.6厘米（图五三，2；彩版二六，1）。

B型　个体较大，1件。标本M1：17，青黄釉，下腹及底施白黄色化妆土。盘口，细长颈，溜肩，斜弧腹，平底。素面。口径10.8、底径10、高24.4厘米（图五三，3；彩版二六，2）。

瓷碗　7件。按照底部形态分二型。

A型　平底，2件。均为尖圆唇，浅弧腹，施釉及底，内心有一组支钉痕。根据口部形态分二亚型。

Aa型　敛口，1件。标本M1：2，青绿釉。口径15.2、底径9.6、高5.5厘米（图五三，4；彩版二六，3）

Ab型　敞口，1件。标本M1：15，青黄釉，内底有涩圈。口径15.6、底径10.4、高5.6厘米（图五三，5）。

B型　饼足，5件。按照口、腹部特征分二亚型。

Ba型　敞口，斜弧腹，1件。标本M1：23，青绿釉。饼足较小，施釉至腹部，内心支钉痕较大。口径15.2、底径6.4、高8厘米（图五三，6）。

Bb型　敞口，深腹，4件。标本M1：18，内外壁施青黄釉。饼足较高，内心有一道涩圈及支钉痕。口径13.2、底径8.2、高8.7厘米（图五三，7）。

瓷盏　14件。按照腹部特征分二型。

A型　腹部较深，9件。标本M1：8，青黄釉。直口，尖唇，弧腹，饼足，内心略凹。口径8、底径4.4、高4.2厘米（图五三，8；彩版二六，4）。

B型　浅弧腹，5件。标本M1：5，青黄釉。敞口，尖唇，斜弧腹，饼足，内心有涩圈。口径8、底径4.8、高3.5厘米（图五三，9）。

铜发钗　1件。标本M1：24，上端较宽，剖面为伞状，钗条为圆柱形，末端有弯勾。素面。长15厘米（图五三，10；彩版二六，5）。

铜耳环　1件。标本M1：25，素面。圆形，细圈。直径1.8厘米（图五三，11）。

直百五铢　1枚。标本M1：17，有内外廓，正面穿的上下篆书“直百”钱文，左右篆书“五铢”钱文，“五”字交叉两笔弯曲。直径1.8厘米（图五三，12）。

铁釜　1件。标本M1：14，侈口，斜方唇，弧腹，圜底，体形较小，器身布满铁锈。口径32、高26.4厘米（图五三，13）。

抖珠项链　1件。标本M1：29，为多个六棱形、圆珠形、圆台形的琉璃珠和玛瑙珠串成，珠体表面打磨光滑，呈红、绿、黄、黑、白等多种色彩（彩版一七；彩版二六，6）。

M32　墓向28°。墓道情况不详，现存墓室、甬道两部分。墓室长5.18、宽2.5、残高0.66～2.34米；甬道口封门不存，甬道残长2.5、宽1.46、残高0～0.66米；墓壁砖用菱形、车轮、钱币纹砖错缝平砌，其砖长0.44、宽0.21、厚0.11米，墓室后壁中部有一人为将壁砖撬掉

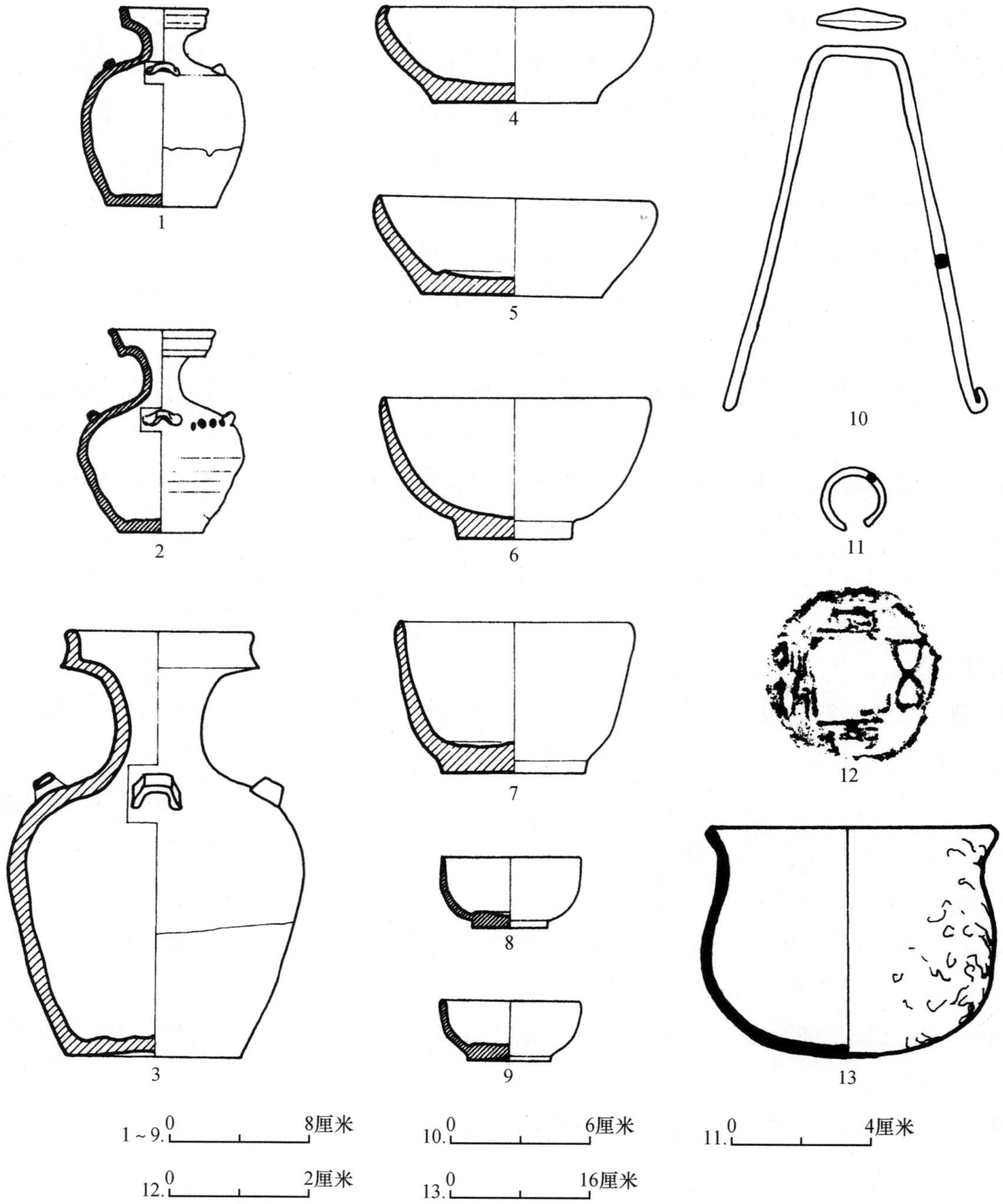

图五三　M1出土器物

1、2.A型瓷盘口壶（M1：9、M1：3）　3.B型瓷盘口壶（M1：17）　4.Aa型瓷碗（M1：2）　5.Ab型瓷碗（M1：15）　6.Ba型瓷碗（M1：23）　7.Bb型瓷碗（M1：18）　8.A型瓷盏（M1：8）　9.B型瓷盏（M1：5）　10.铜发钗（M1：24）　11.铜耳环（M1：25）　12.直百五铢（M1：17）　13.铁釜（M1：14）

而形成的“壁龛”，清理时“龛”内无器物出土；墓底用素面砖错缝平铺一层，其砖长0.47、宽0.23、厚0.068米，由于受扰乱、破坏，墓室大部分铺地砖不存；券顶为菱形、富贵纹榫卯砖横向起券，其砖长0.48、宽0.22、厚0.12米。该墓横跨一断坎，遭扰乱、破坏严重，且近期被盗，盗洞位于墓室尾部，扰土为五花土，土质疏松，包含大量墓砖和器物残片等。随葬器物有陶甑、陶瓮、陶釜、铜钱，另发现有摇钱树的残碎叶片（图五四；彩版一四）。

陶甑　2件。按腹部特征分二型。

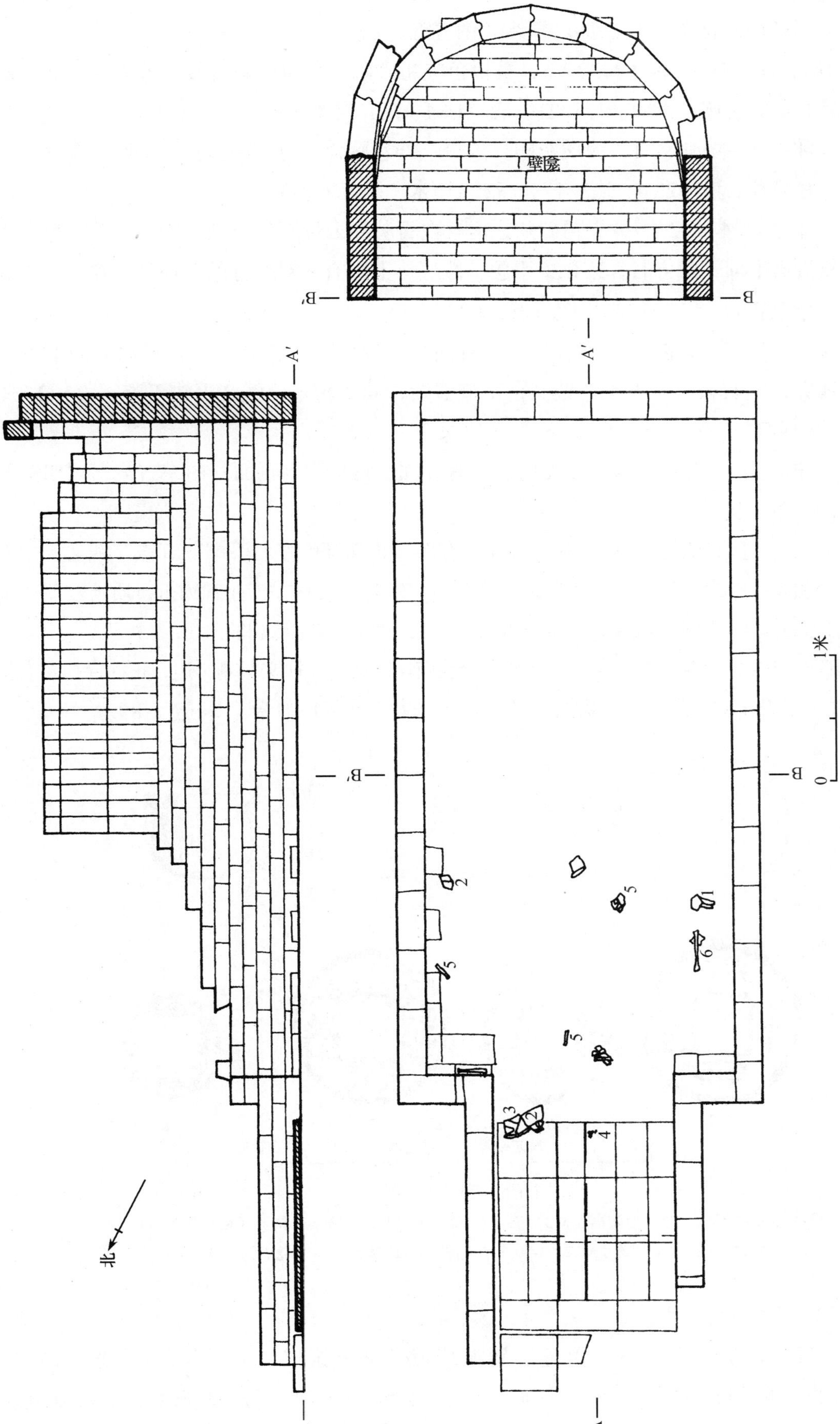

图五四　M32平、剖面图

1.陶瓮　2.陶釜　3、5.陶瓿　4.铜钱　6.人骨

A型　深弧腹，1件。标本M32：3，泥质灰陶。敞口，圆唇，深弧腹，下腹弧内收，底残。素面。口径18、底径11.4、高14.2厘米（图五五，1）。

B型　斜直腹，1件。标本M32：5，黄褐色夹粗砂陶。敞口，斜直腹，方唇，平底带圆形箅孔，器表有烟炱痕迹。素面。口径21、底径14.4、高13厘米（图五五，2）。

陶瓮　1件。标本M32：1，泥质灰陶。敛口，外卷唇，溜肩，深弧腹，平底。素面，肩附一对对称的扁曲耳。口径23.4、底径17、高25.1厘米（图五五，3）。

陶釜　1件。标本M32：2，夹粗砂陶，内含白石英和云母颗粒，黑色胎心，黄褐色器表。敞口，宽斜折沿上仰，斜方唇，束颈，垂腹，圜底，上腹有一对对称的双环耳。器表饰绳纹。口径22.2、底径20.6、高16.8厘米（图五五，4）。

大泉五十　1枚。标本M32：4-1，正、背面均有内外廓，正方形穿，正面穿的上下篆书“大泉”钱文，左右篆书“五十”钱文，字迹清晰，同质较好，钱文书法工整。直径2.8厘米（图五五，5）。

四铢　1枚。标本M32：4-3，面无内廓，有外廓，背平素，正面穿的左右篆书“四铢”钱文。直径2.2厘米（图五五，6）。

五铢　1枚。边缘有廓，正方形穿，背面穿有廓，正面穿的左右篆书“五铢”钱文，“五”字交叉两笔弯曲，“铢”字“金”字头为三角形，“朱”字头有方折亦有圆折，质地较差，笔画较粗，字迹漫漶，直径2.4～2.6厘米。标本M32：4-5，直径2.5厘米（图五五，7）。

剪轮五铢　1枚。标本M32：4-4，外廓及部分钱肉均被剪去，钱文只剩半边，正面穿的左右篆书“五铢”钱文，“五”字交叉两笔弯曲，“朱”字头方折，直径1.8厘米（图五五，8）。

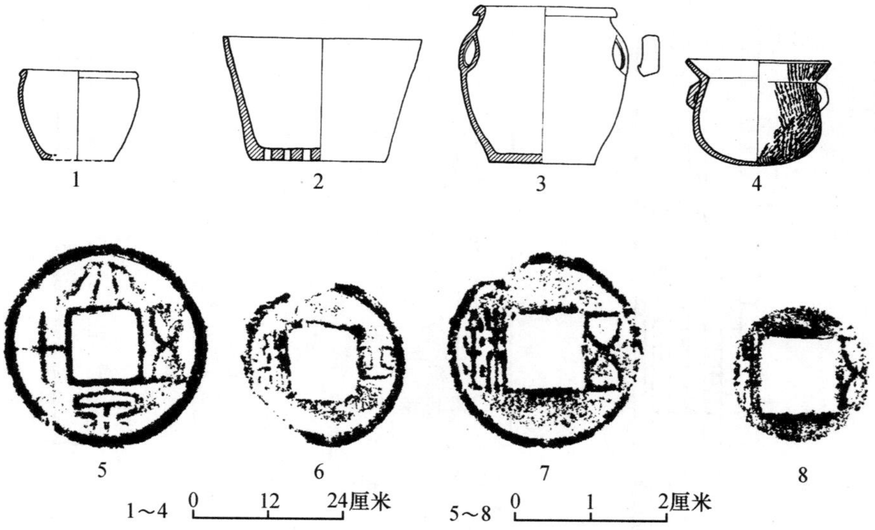

图五五　M32出土器物

1.A型陶甑（M32：3）　2.B型陶甑（M32：5）　3.陶瓮（M32：1）　4.陶釜（M32：2）　5.大泉五十（M32：4-1）　6.四铢（M32：4-3）　7.五铢（M32：4-5）　8.剪轮五铢（M32：4-4）

B型　“刀”字形，1座。

M12　墓向130°。由墓室、甬道、斜坡墓道三部分组成。墓室长2.7、宽2.4、残高0.32～0.64米；甬道长1.7、宽1.48、残高0.32～0.64米；墓道外口被田坎破坏，斜坡墓道残长

0.7、宽1.44～1.84米，坡度37°。墓壁砖用菱形纹砖错缝平砌，其砖0.42、宽0.18、高0.08米；墓底用素面砖对缝平铺一层，铺底砖长0.42、宽0.2、厚0.08米；券顶已垮塌，无券顶砖。墓内盗扰严重，扰土为五花土，土质疏松，包含大量墓砖和器物残片等。随葬器物15件，有陶瓮、青瓷盘口壶、瓷碗、铁鐎斗等（图五六；彩版六，2）。

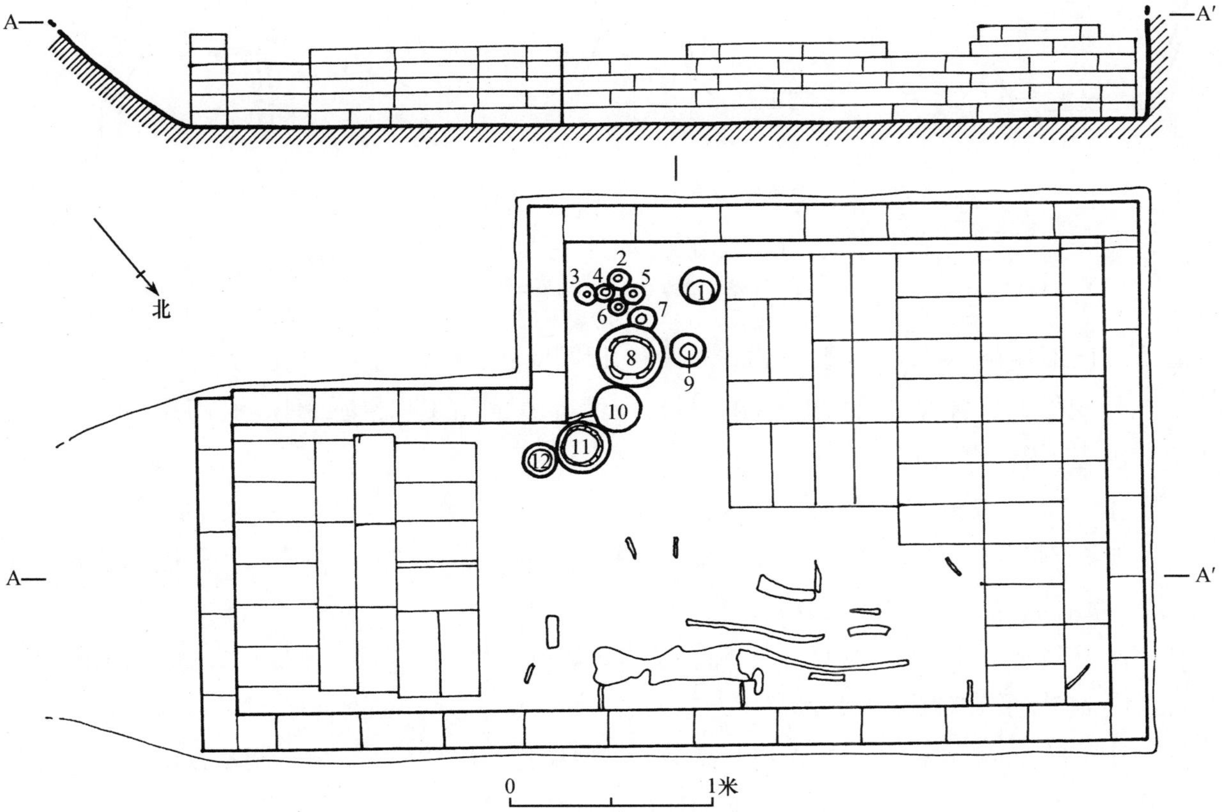

图五六　M12平、剖面图

1.瓷盘口壶　2～7、9、12.瓷碗　8、11.陶瓮　10.铁鐎斗

陶瓮　2件。标本M12：8，泥质黄褐陶。敛口，斜方唇，鼓肩，深弧腹，平底。肩部两对称圆鋬，素面。口径20、底径16、高29.6厘米（图五七，1；彩版二七，1）。标本M12：11，泥质灰黑陶。敛口，圆唇，溜肩，深弧腹，平底。上腹两对称扁长鋬，鋬下器表内凹较甚，鋬残失，素面。口径24、底径14.4、高23.4厘米（图五七，2；彩版二七，2）。

瓷盘口壶　1件。标本M12：1，青黄釉，底露棕红色胎骨。盘口，短束颈，溜肩，斜弧腹，平底，肩上粘接四对称桥形系。素面。口径12.6、底径10.2、高26.7厘米（图五七，3；彩版二七，3）。

瓷碗　1件。标本M12：7，口微敛，深弧腹，饼足。内外壁均施满青绿釉，内底支钉痕较大。口径13.6、底径8.8、高6.9厘米（图五七，4）。

铁鐎斗　1件。标本M12：10，敞口，方唇，弧腹，圜底近平，三扁足，龙形长柄。素面。口径22、柄长18.6、通高25.6厘米（图五七，5；彩版二七，4）。

形制不清的墓葬　1座。

M11　墓向345°。由于破坏程度较大，无法判断其形制，墓道不详，现存墓室、甬道两部分。墓室长4.4、残宽1.4～2.41、残高0.3～0.7米；甬道长2.26、残宽0.45～1.36、残高0.2～0.5米；墓壁砖用矩形纹和几何纹砖错缝平砌；墓底用车轮纹砖和素面砖铺错缝平铺一

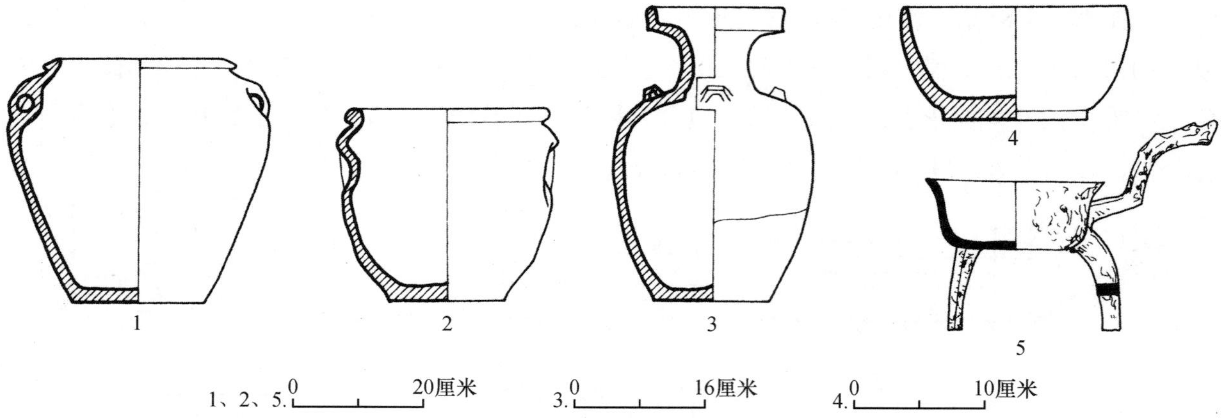

图五七　M12出土器物

1、2.陶瓮（M12：8、M12：11）　3.瓷盘口壶（M12：1）　4.瓷碗（M12：7）　5.铁鐎斗（M12：10）

层；券顶已不存在，只发现一块“富贵”纹和几块几何纹榫卯砖。墓内盗扰严重，扰土为五花土，土质疏松，包含大量植物根茎和少量近现代遗物等。随葬器物18件，有陶钵、陶罐、陶甑、瓷唾壶、瓷碗等（图五八）。

陶钵　2件。按腹部特征分为二型。

A型　折腹，1件。标本M11：18，泥质灰褐陶。敞口，尖圆唇，折腹，小平底。素面。口径16.8、底径4、高6.4厘米（图五九，1）。

B型　弧腹，1件。标本M11：5，泥质灰陶。敛口，圆唇，弧腹，平底。素面。口径12.8、底径6.4、高7.7厘米（图五九，2）。

陶甑　1件。标本M11：1，泥质灰黑陶。器型规整，敞口，斜方唇，圆弧腹，平底，底有箅孔12个。下腹及底部有铁锈痕，素面。口径36、底径10、高19厘米（图五九，3）。

瓷唾壶　1件。标本M11：6，器表施青绿釉，胎釉结合较差，釉大部脱落。盘口，尖唇，束颈，溜肩，扁圆腹，平底略内凹，器底有一周支钉痕。口径11.4、底径13.2、高11.8厘米（图五九，4）。

瓷碗　1件。标本M11：10，通体施青黄釉。口微敛，浅弧腹，矮饼足。口径16.2、底径10.6、高6.6厘米（图五九，5）。

第四节　时代判断与几点认识

因本期墓葬的形制结构与东汉中晚期墓葬一脉相承，故同样遭到严重盗扰，墓葬结构和随葬器物多残缺不全。本期随葬器物的特点是：陶器种类、数量明显减少，其中具有明显反映汉代庄园经济特色的陶俑、陶模型等东汉墓葬的代表性器类已基本消失，蜀汉墓中常见的圜底釜和硬陶壶等器类也大大减少，取而代之的是大量的青瓷器。我们根据墓葬形制和出土器物的组合及形态特点把本期墓葬分为二期：

第一期：有M11一座墓葬。M11所出唾壶（M11：6），器表施青绿釉，盘口较大而浅，尖唇，束颈，溜肩，扁圆腹，平底略内凹，与鄂城西晋后期墓葬M2007所出Ⅱ型2式唾壶

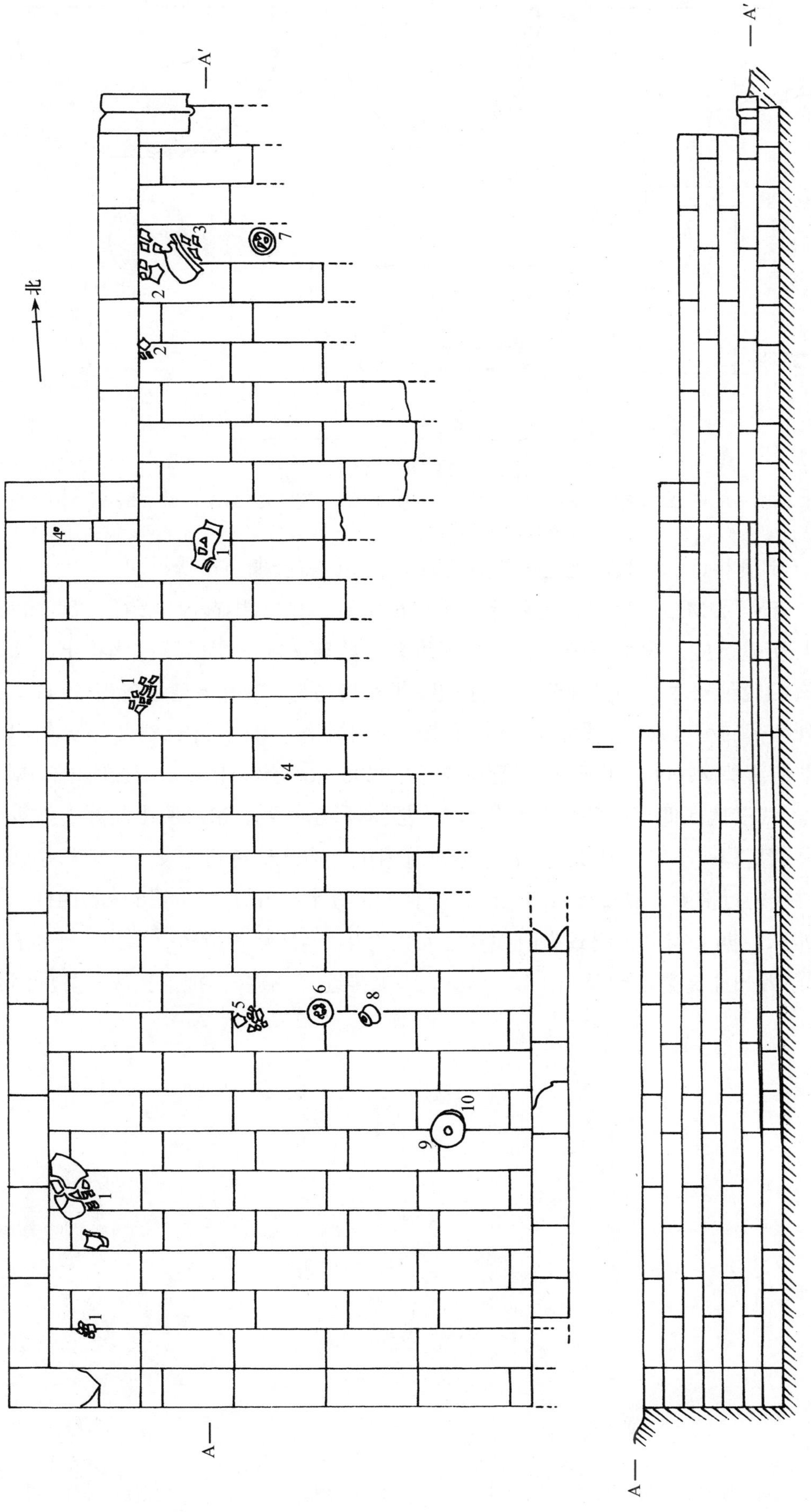

图五八 M11平、剖面图

1. 陶瓿 2. 瓷壶 3、5、6、8. 陶罐 4. 铜钱 7、9、10. 陶钵

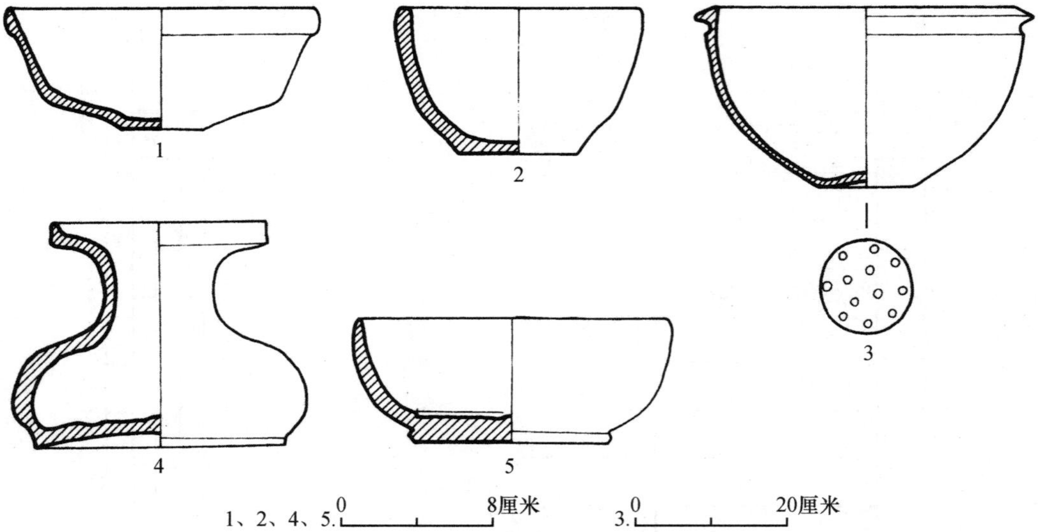

图五九　M11出土器物

1.A型陶钵（M11：18）　2.B型陶钵（M11：5）　3.陶甑（M11：1）　4.瓷唾壶（M11：6）　5.瓷碗（M11：10）

（M2007：3）形制相近，故我们把这座墓葬的时代定在西晋晚期至东晋早期。

第二期：有M1、M12、M13三座墓葬。所出盘口壶，盘口明显小于腹径，盘壁较深，盘口底边向外有明显折棱，腹部较圆润，器型偏瘦高，胎表多施一层白黄色化妆土，胎、釉结合不甚好，有的脱釉殆尽，釉呈细开片，施釉厚薄不甚均匀，其中A型盘口壶（M1：13）器表釉下施排列细密的小型褐色点彩，具有明显南朝前期风格。M1所出Ba型盘口壶（M1：17）与鄂城南朝前期墓葬M2006所出Ⅲ型1式盘口壶（M2206：6）形制相近。M12所出Bb型盘口壶（M12：1）与武汉地区四座南朝早期纪年墓中同类器形态一致，M12所出陶瓮、铁鐎斗等器型亦为六朝早期墓葬所不出。M32遭盗扰严重，墓内出土物已难窥其全貌，只能根据残存器物特征对墓葬时代进行推测，M32墓内出土的钱币有大泉五十、五铢、剪轮五铢和四铢，其中时代最晚的为四铢，据《宋书》记载为南朝刘宋元嘉七年（430年）所铸，墓内出土的B型陶甑（M32：3）与万州庙湾墓地同类出土物（M2：19）接近①。故我们把这三座墓葬的时代定在南朝时期。

① 中国社会科学院考古研究所长江三峡工作队、巫山县文物管理所：《巫山双堰塘遗址发掘报告》，《重庆库区考古报告集》1998卷，科学出版社，2003年。

第六章 唐代墓葬

第一节 墓葬分布

本期墓葬共2座，它们是M17、M20，位于墓群中部。分布在海拔155～175米的台地上，两座墓葬相邻排列，均未见封土堆。

第二节 墓葬形制

1. 墓室形制

皆为长方形竖穴土坑墓。

2. 墓向

墓向大致相同，接近正南北向，与长江流向相反。

3. 葬具

因土壤酸碱度、湿度以及人类活动等因素的影响，保存较差，仅残存木棺朽痕，葬具仅有单棺。

4. 葬式

在土壤酸碱度、湿度尤其是人类活动等因素的影响下，骨架大部分已腐朽，根据残存的骨架判断为仰身直肢，头向南，据头侧放置随葬品判断，面向上。

第三节 墓葬描述

本期2座墓葬，均为长方形竖穴土坑墓。

M17　墓向190°。平面略呈梯形，墓室长230、南宽72、北宽56、残高20、墓底距地表残深85厘米。据棺钉和残留的灰迹确认，棺长186、南宽46、北宽38厘米。除下肢骨保存略好外，胸骨和头骨已朽不清，根据骨架判断为仰身直肢，头向南，据头侧放置随葬品判断，面向上。墓室内填土为五花土，未见包含物。共出土随葬品5件，有开元通宝、乾元重宝、瓷罐等（图六〇；彩版一五，1）。

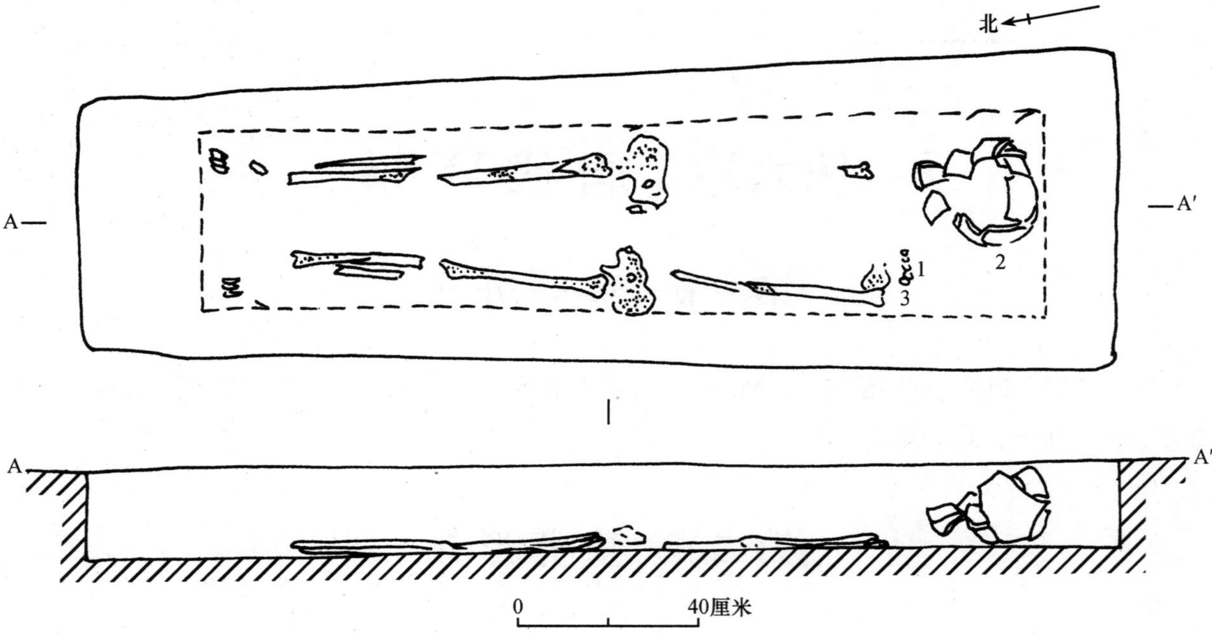

图六〇 M17平、剖面图

1. 开元通宝 2. 瓷罐 3. 乾元重宝

瓷罐 1件。标本M17：4，口沿外及肩上部施白色釉，有流釉痕迹，胎为红褐色，内灰色，火候较高。敛口，方唇，鼓肩，弧腹，平底。口径12.8、底径9.6、高15.2厘米（图六一，1；彩版二八，1）。

开元通宝 1枚。标本M17：2，圆形方孔，有内外廓，正面楷书“开元通宝”。外径2.5、孔径0.7、厚0.1厘米（图六一，2）。

乾元重宝 1枚。标本M17：3，圆形方孔，有内外廓，正面楷书“乾元重宝”，外廓切削出一圈刻槽，使外廓为齿轮形。外径2.5、孔径0.7、厚0.1厘米（图六一，3；彩版二八，2）。

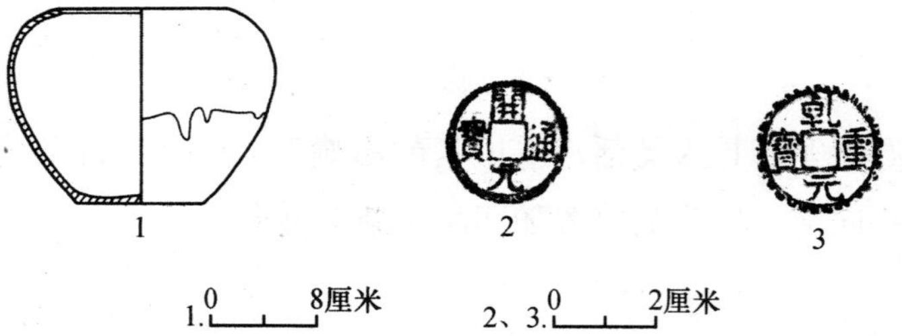

图六一 M17出土器物

1.瓷罐（M17：4） 2.开元通宝（M17：2） 3.乾元重宝（M17：3）

M20 方向185°。平面呈长方形，墓室长226、北宽66、南宽64、残高50、墓底距地表深97厘米。残朽的木棺痕迹长200、南宽54、北宽43厘米。骨架仅残留腿骨少部，头向及面向、葬式不详。墓室内填土为五花土，未见包含物。出土随葬品有开元通宝、铁棺钉（图六二）。

铁棺钉 2件。标本M20：4，四棱锥体，有帽。长12、宽2.4、厚1厘米（图六三，1）。

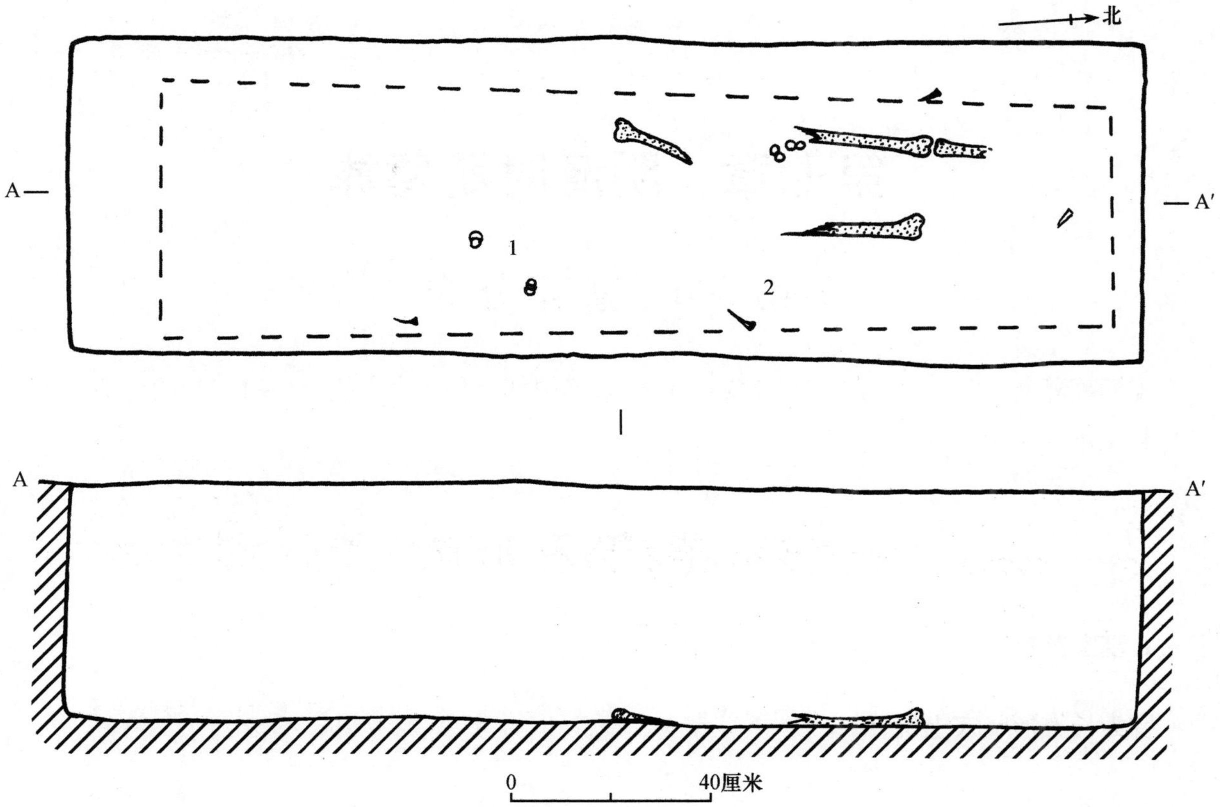

图六二　M20平、剖面图
1.铜钱　2.棺钉

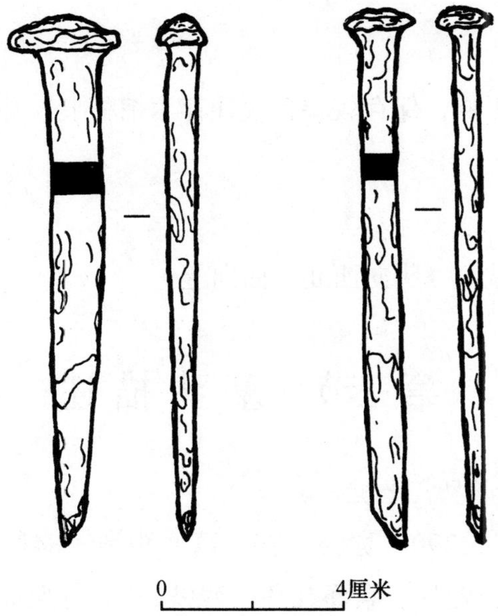

图六三　M20出土铁棺钉（M20：4）

第四节　时代判断

本期墓葬出土的瓷器、铜钱具有明显的时代特征，故我们把这两座墓葬的时代定在唐代。

第七章　明清时期墓葬

第一节　墓葬分布

本期墓葬共2座，它们是M18、M24，位于墓群中部。分布在海拔155～175米的台地上，均未见封土堆。

第二节　墓葬形制

1. 墓室形制

皆为长方形竖穴土坑墓。

2. 墓向

墓向大致相同，面向长江所在方向。

3. 葬具

因土壤酸碱度、湿度的影响，保存较差，仅残存木棺朽痕，葬具仅有单棺。

4. 葬式

骨架保存较好，仰身直肢葬，头向西北，面向上。

第三节　墓葬描述

本期2座墓葬，均为长方形竖穴土坑墓。

M18　墓向310°。墓室长290、宽66～76、墓底距地表84厘米。墓室内填土为五花土，质地疏松，填土内出土有青花瓷片、素面瓦片、残铁1片。骨架保存较好，仰身直肢，头向西北，面向上。木棺已朽不详，据棺钉确认木棺长190、西宽50、东宽44厘米。未见随葬品，仅在填土内出土青花瓷片及铁棺钉（图六四；彩版一五，2）。

铁棺钉　1件。标本M18：1，长9.8、宽1.8厘米（图六五，1）。

M24　方向315°。墓口距地表85厘米。墓室内填土为五花土，质地疏松，填土内有素面

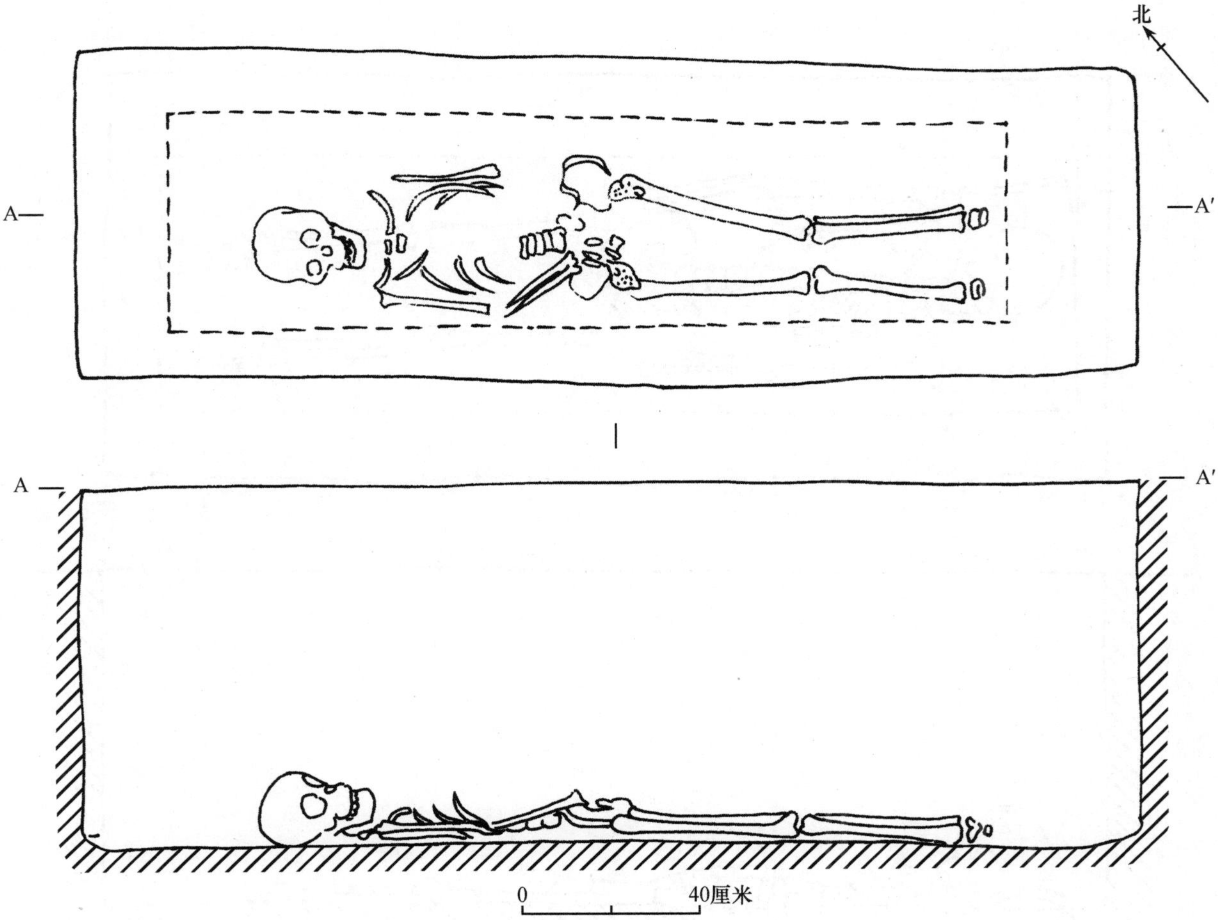

图六四　M18平、剖面图

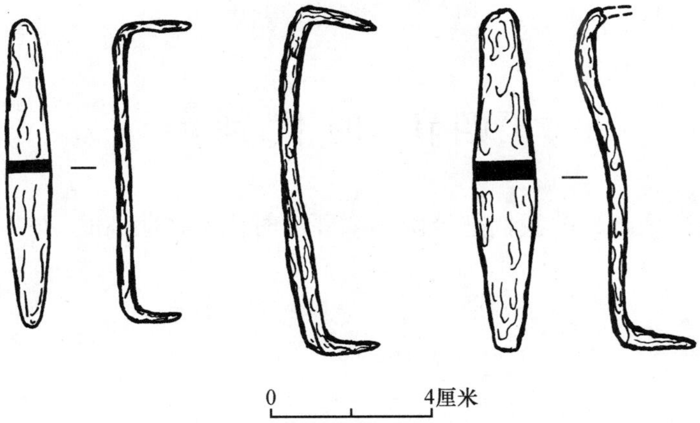

图六五　M18出土铁棺钉（M18：1）

灰色板瓦。骨架保存较好，仰身直肢，头向西北，面向上。木棺已朽不详，据木灰痕迹确认棺长165、宽46厘米。头下枕素面板瓦，长22、宽20、厚6厘米。未见随葬品（图六六）。

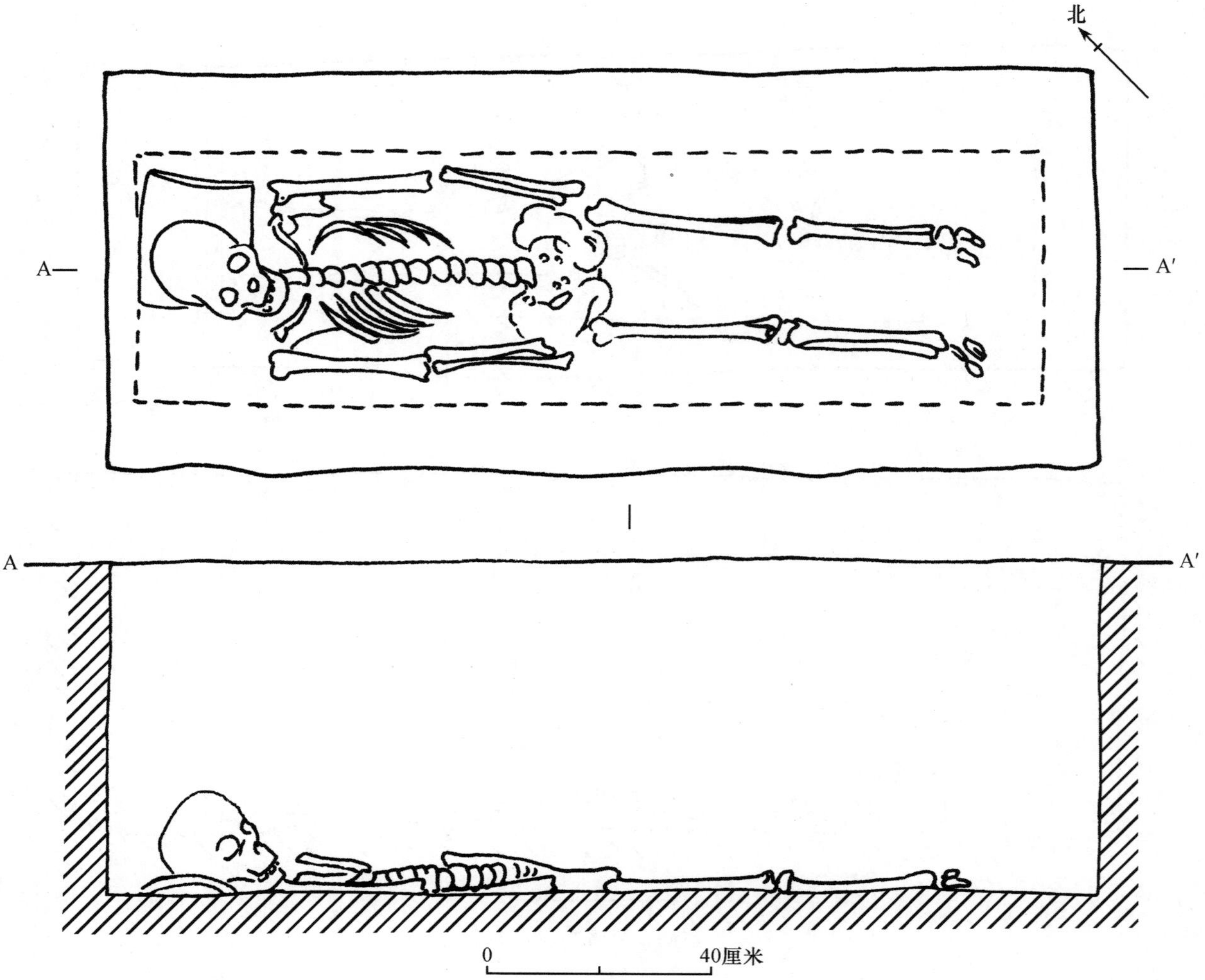

图六六 M24平、剖面图

第四节 时代判断

本期墓葬时代特征清晰，故我们把这两座墓葬的时代定在明清时期。

第八章　武　陵　阙

本墓群发掘所取得的最大收获当属武陵阙的发现。最早被发现的是阙顶，当时已经暴露在小浪口溪沟南坡的田地里。经过发掘清理，发现阙顶是用整块石头雕刻而成，下层瓦当有一块是单独雕成并用榫卯接在阙顶上的，这部分已经缺失，有两个方形榫眼。阙顶保存近乎完整，仅有一角因为长期暴露在外，已经残损风化。阙顶整体为重檐庑殿式，高65、宽175、进深165厘米。连檐瓦当分上下二层，上层瓦当为素面，有一乳丁，垂脊端头各刻三个瓦当；下层瓦当亦为素面，有一乳丁，垂脊各刻五个素面瓦当。正面檐下出椽五条（不含四对角椽子），侧面出椽五条（图六七，1；彩版一六）。

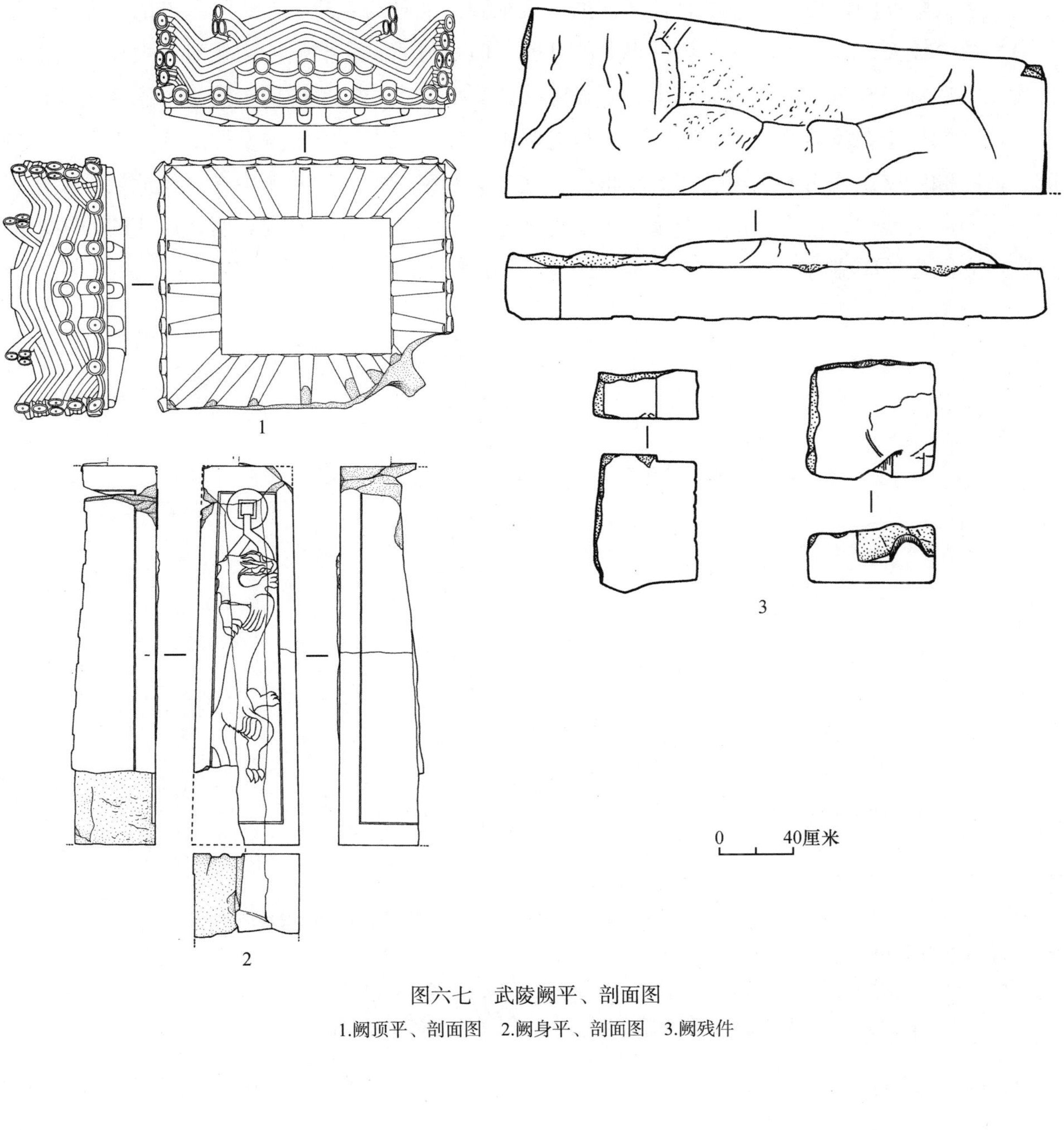

图六七　武陵阙平、剖面图

1.阙顶平、剖面图　2.阙身平、剖面图　3.阙残件随后在发掘中又在阙顶所在的坡地上方清末民房房基地上发现阙身残件，已经被拆解成砌猪圈用的五块石条。经过拼合复原，阙身基本完整，高215、上宽45、下宽75厘米，进深不详；右侧面减地浮雕青龙衔璧，左侧面为素面，四面留出边框；底中部榫头残（图六七，2）。

在猪圈附近的近代地层中还发现阙顶残块及一块怀疑是阙基的残石条（图六七，3）。

武陵阙是万州区域内的一个重大考古发现。由于武陵阙所在的武陵墓群紧邻的下中村遗址是宋代武陵县城所在[①]，密集的建筑在很大程度上改变了原来的地貌，对墓群产生了相当程度的破坏，从武陵阙残件的出土情况看，阙身和阙顶大部分表面雕凿痕迹明显，没有经过风化水浸，这表明武陵阙原本位置在离出土地不远的坡顶附近，应该是树立不久就发生倒塌没有暴露在地表多久就被泥土掩埋，直到清末民国时期，这里的村民建房削平斜坡夯筑地基时发现阙身，并把它肢解成条石砌做猪圈，因而未见于四川汉代石阙的调查资料记载[②]。对阙顶及其周围地区的整体发掘收获并不是很理想，只发现了阙顶、半个阙身以及一些可能的残件，试图寻找阙原来所在位置、发现相关遗迹、进而判断武陵阙的形制的目的并没有达成。

关于武陵阙的性质，由于没有较多证据，很难做出准确的判断。在武陵墓群的发掘中，除了M23规模较大外，未发现其他规模很大的墓葬，但在与武陵墓群隔冲沟相对的大丘坪墓群也发现了数座规模较大的两汉时期墓葬，不排除武陵墓群与大丘坪墓群属于同一个家族的墓地所在，武陵阙属于该家族某位显贵所立[③]。最近两年，在三峡库区的考古发掘中陆续出土了乌杨阙、武陵阙两座汉代石阙。据郑州大学报告，在忠县邓家沱遗址的发掘中在汉代地层中又发现了一座石阙的残件，但由于破坏严重，未能发现相关的遗迹。这些发现表明在汉代的四川东部地区，立阙之风颇盛行。

---

① 中国社会科学院考古研究所长江三峡工作队、巫山县文物管理所：《巫山双堰塘遗址发掘报告》，《重庆库区考古报告集》1998卷，科学出版社，2003年。

② 四川达县地区文化局：《四川达县市曹家梁东汉墓》，《考古》1995年第1期。

③ 湖北省博物馆：《武汉地区四座南朝纪年墓》，《考古》1965年第4期。

第九章　结　　语

现有发掘资料表明，武陵墓群是一个地处长江中上游地区的临江中型墓地，墓葬分布在武陵镇郊长江北岸山梁及梁下台地上，墓群所在地依山傍水，面朝长江宽阔的江面，背靠俗称“椅子山”的山梁，这种背山面水的地理环境同时也应对了中国自古以来就有的“背有靠，后有照”的最佳墓地选择观念。由于墓地在北宋时期曾作为武宁县治所，所以武陵墓群与下中村遗址的发掘区部分重合，以下中村遗址的发掘材料看，当时进行过较大规模的土建工程[①]，加之二十世纪五六十年代改土造田的影响，大多数墓葬开口层位距地表仅0.3～0.5米，大部分墓葬的上口和部分墓葬的墓室或者墓道、甬道均受到不同程度的破坏，且由于砖室（石室）券顶墓其建筑方法和建筑材料的特殊性，被破坏尤甚。该地现存民居的猪圈、厕所的墙壁上常见汉晋时期的墓砖。

本墓群从战国晚期至清代均有一定数量的墓葬分布，加之武陵镇周边汉至唐宋时期的文化遗存密集分布，表明至少从战国晚期开始，这里就是长江中上游的一个重要聚居点，一直有相当数量的先民在此居住生活。武陵墓群各时期墓葬分布呈现出墓葬时代从早至晚，位置由低及高的规律，战国晚期至西汉初期的土坑墓基本都集中在山梁下的临江台地上，东汉时期的砖室墓大多分布在山梁中部，蜀汉—六朝时期墓葬则集中在更高的山梁顶部。根据地形变化墓葬朝向大都为顺江或逆江，少数朝向长江。

各时期的随葬器物也体现出较强的时代特色和丧葬观念的变化。战国至西汉时期的随葬品数量较少，多为釜、罐、豆等实用器皿；东汉时期随葬品数量明显增多，除罐、盆、甑、钵等日用器具外，人物俑、动物俑、房、塘、井等模型明器大量出现，反映当时人们“事死如生”“所藏器用如生人”的丧葬观念。蜀汉以后陪葬模型明器数量日益减少，直至消失，青瓷器皿取代陶器成为墓内随葬之大宗。表明随经济发展、观念的变化，人们丧葬习俗随之变化的情况。在M6、M31两座东汉时期的砖室墓中出现了其墓道填土上方与甬道券顶同一高度处用残砖砌成的方形小祭台内置罐、钵等器物的习俗，这一情况在临近的大丘坪墓群的M38也有发现[②]。由于其位置位于甬道券顶顶部，说明这个祭坑的设置省却了进入墓内祭奠的麻烦和不便，是先民祭奠墓主的葬俗之发展和延续，具有明显的地域特色。

值得注意的是，各时期墓葬中随葬的钱币明显落后于其发行的时代。如东汉晚期墓葬出土的钱币大多为东汉早期的建武五铢，蜀汉墓葬中常见东汉晚期五铢及剪轮五铢。而在六朝墓葬中甚至有更早的半两、大泉五十、货泉等，同期也出蜀汉时期背“为”字的犍为郡的直百五

---

① 重庆市博物馆、万州区文物管理所：《万州庙湾墓地发掘报告》，《重庆库区考古报告集》1997卷，科学出版社，2001年。

② 重庆文物考古所、万州区博物馆：《2001年度万州下中村遗址发掘报告》（待刊）。

铢。这批钱币对我们了解当时经贸情况提供了一定的实物证据。同时也说明即使在大一统业已形成的汉晋之际，由于朝代更迭，币制随之变换频仍，钱币使用混乱，晚期使用早期钱币的现象十分常见。

大部分墓葬都使用了木质葬具，有的为一椁一棺，有的为一椁多棺，有的为单棺，部分葬具上还有棺饰或髹朱漆。大部分墓葬为单人葬，但M22内出现了5人合葬的情况，一个墓葬内同时出现数量如此多的遗骸这种情况在本墓群和临近的几个墓群中都是首次发现，因为没有二次葬的迹象，这5具遗骸应该是同时葬入墓穴，这或与西汉晚期至东汉早期这段时间内战乱频繁、社会动荡，居民死亡率较高有直接关系。大部分墓葬的墓向、头向均与长江流向相同或者相逆，既反映了先民的风水意识，也反映出长江在先民心目中的重要地位。当然由于气候和土壤等原因，葬具和人骨均保存得不好，绝大部分墓葬仅存棺木或者人骨架朽烂的痕迹。

武陵墓群位于下中村遗址的东北部，地理位置上处于下中村遗址的边缘地带，部分发掘区和下中村遗址的发掘区相连或者重合。而武陵墓群的北部仅被一条名为“小浪口”的冲沟与大丘坪墓群隔开。在三峡水库蓄水前，小浪口不过是一条宽约数米的小溪沟，枯水季节人能徒步过沟，洪水季节最宽水面也不过20余米，居民乘坐小型舢板类交通工具即可轻易渡河。撇开小浪口，武陵墓群、下中村遗址和大丘坪墓群共同位于一块台地上，宏观上属于一个地缘整体。大丘坪墓群的发掘资料也表明：它与武陵墓群在墓葬的时代、形制和随葬器物的排列组合上有着高度的一致性。综上所述，从战国晚期至明清时期，下中村遗址所在区域一直是先民的生活区，而武陵墓群和大丘坪墓群墓群所在区域则是其附属的墓葬区。据此，我们在将来完全可以把下中村遗址、武陵墓群、大丘坪墓群视为一个大遗址群（下中村遗址群）来进行相关的学术研究。

武陵墓群墓葬形制一览表

墓号	墓向	主要尺寸（长×宽—深）米			类型	形制与结构	时代	备注
		墓室	甬道	墓道				
M1	340°	2.6×2.44—3.2	1.64×1.52—1.2		砖室墓	凸字形砖室墓	六朝	
M3	18°	5.0×2.52—0.88	2.4×1.55—0.55	0.65×0.6—0.55	砖室墓	凸字形砖室墓	东汉晚期至蜀汉	
M4	105°	5.6×3.16—1.92	2.56×2.64—1.7	5.6×3.16—1.92	砖室墓	刀把形砖室墓	东汉	
M5	30°	3.7×2.35—1.12	2.48×1.9—1.3		砖室墓	刀把形砖室墓	东汉	
M6	25°	5.4×2.4—1.9	2.3×1.3—1.9	4.3×1.2—0.3	砖室墓	凸字形砖室墓	东汉	
M7	40°	3.0×1.74—1.54			土坑墓	长方形竖穴土坑墓	战国	
M8	42°	3.2×1.6—2.1			土坑墓	长方形竖穴土坑墓	战国	
M9	300°	2.35×2.2—1.55	1.45×1.3—1.35		石室墓	凸字形石室墓	东汉	
M10	345°	2.6×1.7—0.72			砖室墓	不详	东汉	
M11	356°	4.4×2.41—0.7	2.26×1.36—0.5		砖室墓	不详	六朝	
M12	130°	2.7×2.4—0.64	1.7×1.48—0.64	0.7×1.84—0.7	砖室墓	刀把形砖室墓	六朝	
M13	130°	3.64×2.5—1.5	1.76×2.5—1.5		砖室墓	刀把形砖室墓	东汉	
M14	28°	33×1.32—1.2			土坑墓	长方形竖穴土坑墓	西汉	
M15	220°	3.5×3.2—0.94	2.4×1.9—1.21	1.51×1.26—0.86	砖室墓	刀把形砖室墓	东汉	
M16	225°	3.6×2.5—1.48	2.06×1.46—1	0.64×1.76—0.3	砖室墓	刀把形砖室墓	东汉	
M17	190°	2.3×0.72—0.2			土坑墓	长方形竖穴土坑墓	唐代	
M18	310°	2.4×0.76—0.3			土坑墓	长方形竖穴土坑墓	明清	
M19	25°	5.5×2.8—1.1	2.45×2—0.66	1.9×1—0.9	砖室墓	凸字形砖室墓	东汉	
M20	185°	2.26×0.66—0.5			土坑墓	长方形竖穴土坑墓	唐代	
M21	23°	2.75×2.52—0.8	1.6×1.4—0.71	1×1.75—0.75	砖室墓	刀把形砖室墓	东汉	
M22	200°	3.84×3.16—1.2			土坑墓	长方形竖穴土坑墓	新莽	
M23	35°	4.2×3.9—2.8	3.6×2.2—2.8	2.6×2.2—2.36	土坑墓	凸字形竖穴土坑墓	新莽	
M24	315°	1.65×0.46—0.45			土坑墓	长方形竖穴土坑墓	明清	
M25	34°	4.9×2.36—1.08	2.5×1.4—1.08	1.5×1.84—1.08	砖室墓	凸字形砖室墓	东汉	
M26	25°	5.24×2.4—1.58	2.44×1.48—1.5	2.24×2.18—1.58	砖室墓	凸字形砖室墓	东汉	
M27	180°	5.4×2.4—1.2	2.1×1.5—1.8	1.7×2.06—1.6	砖室墓	刀把形砖室墓	东汉	
M29	34°	2.8×1.58—1.2			土坑墓	长方形竖穴土坑墓	西汉	
M30	350°	3.7×1.6—1.04			土坑墓	长方形竖穴土坑墓	西汉	
M31	60°	5×2.4—1.04	2.6×1.9—1.8	4.7×1.4—2.02	砖室墓	刀把形砖室墓	东汉	
M32	28°	5.22×2.5—2.34	2.5×1.68—0.32		砖室墓	凸字形砖室墓	六朝	
M33	330°	3.8×2.9—4.2			土坑墓	长方形竖穴土坑墓	不明	
M34	25°	4.6×2.3—1.76	2.2×1.9—0.94	4.82×1.8—1.46	砖室墓	刀把形砖室墓	东汉	

武陵墓群墓葬器物组合与分期表

墓号	陶器	铜器	钱币	铁器	其他	分期
M1		发钗、耳环、	直百五铢	釜、棺钉	瓷盘口壶、瓷碗、瓷盏、料珠项链	六朝
M3	罐、仓、钵、摇钱树座、持便面俑、鸡、狗头、马头、车马器（轮、毂、辕、轭、鞍）、房	研子、泡钉（鎏金）	五铢			东汉晚期至蜀汉
M4	罐、盆、甑、博山炉、钵、房、塘、侍从俑、佩剑侍卫俑、抚琴俑、抚耳听乐俑、击鼓俑、舞蹈俑、驾驭俑、顶罐俑、童俑、子母鸡、公鸡、狗、猪	釜、盆、洗、壶	半两、五铢、大泉五十	釜、刀、剑、削	石黛板、石研子、料珠	东汉
M5						东汉
M6	罐、勺、钵、塘、侍从俑				银手镯	东汉
M7	罐、矮柄豆					战国
M8	罐、釜					战国
M9	罐、俑	耳杯、耳杯扣、指环	货泉			东汉
M10	罐		铜钱（钱文不清）	釜		东汉
M11	钵、甑				瓷唾壶、瓷碗	六朝
M12	瓮			棺钉、鐎斗	瓷盘口壶、瓷碗	六朝
M13	甑、罐、钵、井	环	五铢、货泉	棺钉	琉璃耳珰	东汉
M14	罐、豆		半两		漆器	西汉
M15	罐、钵、甑、碓房、井、塘、房、抚琴俑、舞蹈俑、鸡	耳杯扣、棺饰	剪轮五铢			东汉
M16	罐、盆、釜、勺、博山炉、饼、钵				骨串珠	东汉
M17			开元通宝、乾元重宝		瓷罐	唐代
M18				棺钉		明清
M19	罐、钵、甑					东汉
M20			开元通宝	棺钉		唐代
M21	罐、勺、灯、塘、狗					东汉
M22	罐、盆、钵、锺、井	鍪	货泉	釜、刀	银指环、玉尺、石黛板、石研子	新莽

续表

墓号	陶器	铜器	钱币	铁器	其他	分期
M23	罐、盆、钵、甑、釜、勺、鼎、锺、井、盘、博山炉、灯、卮、魁、盒	釜、漆卮饰件、洗	五铢、大泉五十	削	玉尺	新莽
M24						明清
M25	罐、灯、博山炉、甑、锺、房、碓房、镇墓兽、侍从俑、吹箫俑、击鼓俑、舞蹈俑、庖厨俑、持便面俑、鸡、狗、井	饰件	铜钱	削	石镇纸、水晶	东汉
M26	罐、仓、甑、锺、钵、房、摇钱树座、侍从俑、吹埙俑、抚琴俑、抚耳听乐俑、击鼓俑、击鼓俑、庖厨俑、持便面俑、跪坐俑、鸡、猪	泡钉、摇钱树、车马器		刀、剑	琉璃耳珰	东汉
M27						东汉
M29	罐				漆盘	西汉
M30	罐、豆		半两	鍪		西汉
M31	罐、饼、灯、豆、壶、侍从俑、猪	铜钱		刀	石黛板	东汉
M32	甑、瓮、釜、		大泉五十、四铢、五铢、剪轮五铢			六朝
M33						不明
M34	罐、仓、甑、博山炉盖、钵、房、碓房、吹箫俑、抚琴俑、抚耳听乐俑、击鼓俑、舞蹈俑、抱囊俑、庖厨俑、童俑、狗、猪	耳杯扣	五铢	剑	骨串珠	东汉

附录　武陵墓群金属器及玉器样品检测分析报告

1　分析检测内容

受重庆市万州区博物馆委托，按照青铜等文物分析要求，于2012年11月至2013年11月进行了样品分析。

2　分析项目

实验在西北大学文化遗产研究与保护教育部重点实验室，唐仲英文物分析技术实验室进行。

3　分析测试方法

3.1　显微观察分析

显微分析技术是金属材料表面分析研究的重要手段之一，近年来，广泛使用的超景深显微镜在传统光学显微镜基础上解决了传统光学显微镜成像时高倍数与大景深不能共存的问题，可以轻松获得对样品的不同高低部位都能清晰成像的优质图片，还可从任何角度俘获图像时都能实现可靠的深度合成，同时还可以得出的样品表面的三维空间形貌，其应用领域可以拓展到光学显微镜和扫描电子显微镜（SEM）之间。将计算机应用于显微图像处理，具有精度高、速度快等优点，从而大大提高工作效率。

3.2　X射线荧光光谱分析

X射线荧光光谱分析是一种有效测定物质元素物理分析方法，是现代主要分析技术方法及国际标准（ISO）分析方法之一。1895年伦琴（Roentgen W. C.）发现X射线，并因此获诺贝尔奖，1913年莫塞莱（Moseley H. G. J.）奠定了X射线光谱化学定性与定量分析的基础，1922年，哈丁（Hadding A.）首次明确地将X射线光谱应用于矿物化学分析，1948年，H. 弗里德曼和L.S.伯克斯制成第一台X射线二次发射光谱仪样机，20世纪50年代X射线荧光光谱分析得到了较快发展，并且广泛用于考古学研究中。

X射线荧光光谱分析原理是，每种元素的原子受到高能辐射激发后，即发射出特定波长的X射线谱线，这种射线叫做特征X射线，也就是X射线荧光，测定该谱线的波长就可以确定是何种元素，并根据其强度或与标准样品的比较，或利用一些物理参数通过计算就可以确定各元素的含量。

经过几十年的发展，X射线荧光光谱分析法已经成为一种成熟、可靠的元素分析方法，已广泛应用于文物保护研究的各个领域，它的特点是分析速度快、精密度高、制样简单、测试准确可靠、非常适合于定性或定量（需要标准样品）分析。

3.3　金相分析

金相分析在材料研究中占重要的地位，是阐明古代金属材料冶炼、铸造、加工技术水平和发展历程的重要途径，是研究金属材料微观结构最基本的一种实验技术。

青铜器铸造工艺、加工工艺不同，金相结构就会有所区别，金相结构可反映出金属的制作工艺，如经锻打金属制品，将具有塑性变形方向的链状金相；冷、热加工的金属制品，将具有形变金相和热处理金相。金相分析正是根据此特征，有效地攫取金属文物的成分结构和加工工艺等信息；金相显微镜观察到的样品微观组织结构，如晶粒形状、大小以及成分偏析等现象，为研究工作提供样品在铸造过程的冷热处理等信息资料，通过综合研究与比较，了解古代青铜铸造及加工工艺。

随着现代科学技术的发展，金相学研究的内容也在不断充实，研究领域不断扩大，目前已广泛用于文物保护与科学研究等领域，极大地促进了文物保护与科学研究工作的开展。金相分析可用于青铜文物材料微观组织结构与化学成分的关系的研究；可以用于铸造加工及热处理等对青铜显微组织相变的研究；可以判断金属中铅及其他杂质的分布、大小、数量等。在金属文物的制作技术、加工工艺等内容的分析中，金相技术具有其他分析方法不可取代的地位。

4　采样情况

根据该墓群文物出土文物情况，为了判断文物制作工艺、腐蚀物种类保存情况等，有针对的对部分出土文物及其附属物进行采样，文物现状及采样情况如下：

图4.1　2002CWLM：90出土铜钱

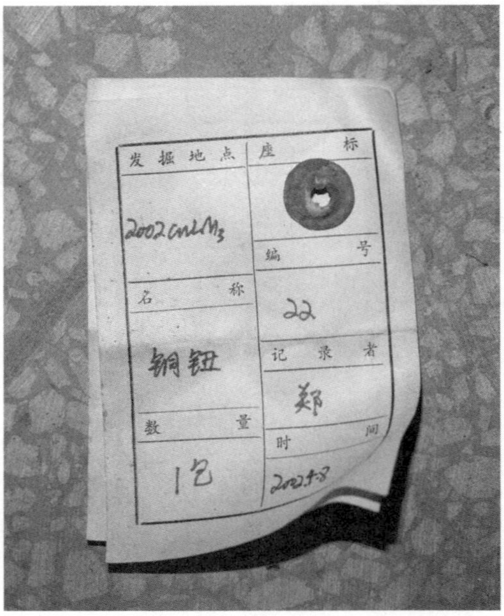

图4.2　2002CWLM3：22出土铜纽

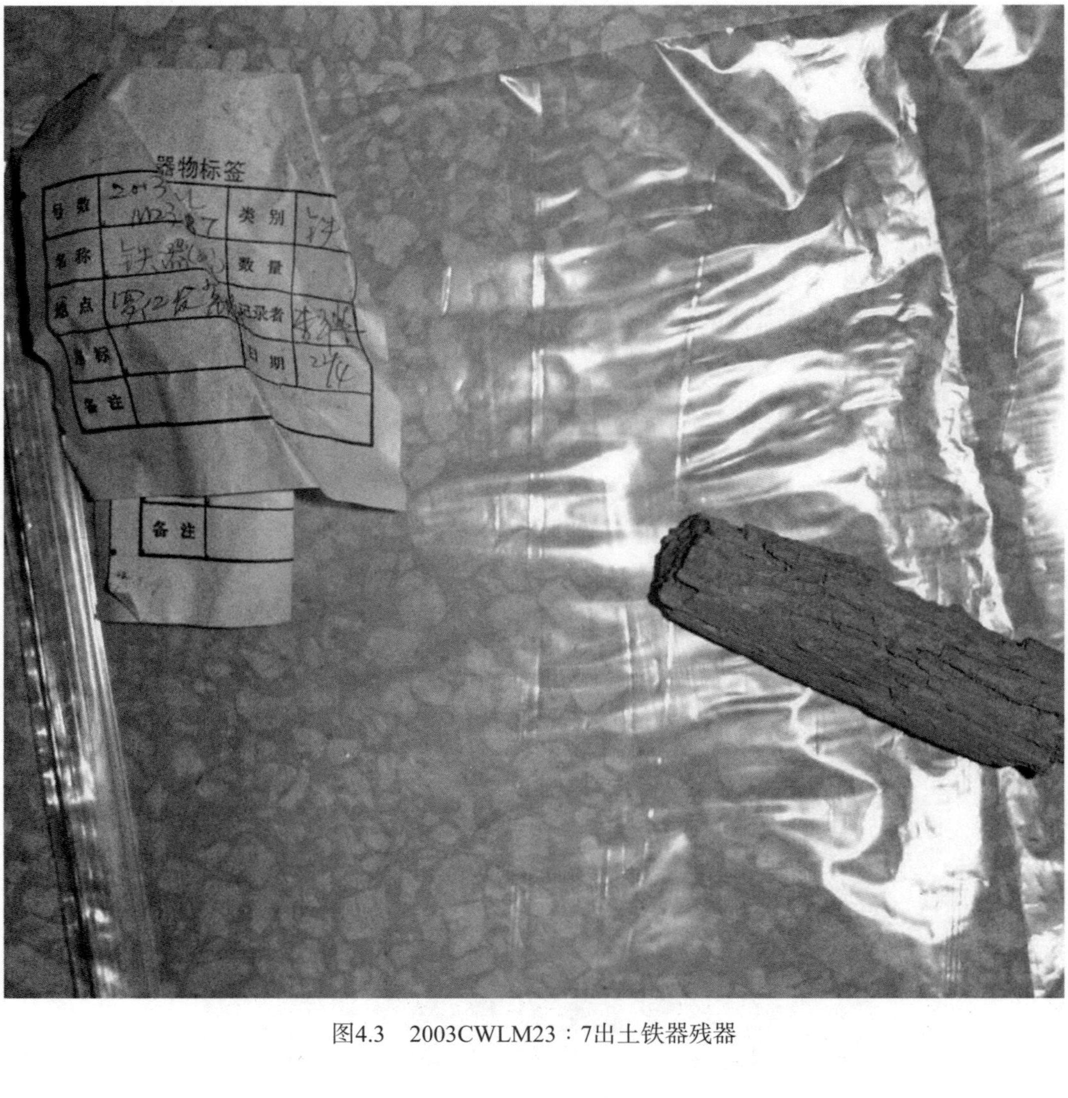

图4.3　2003CWLM23：7出土铁器残器

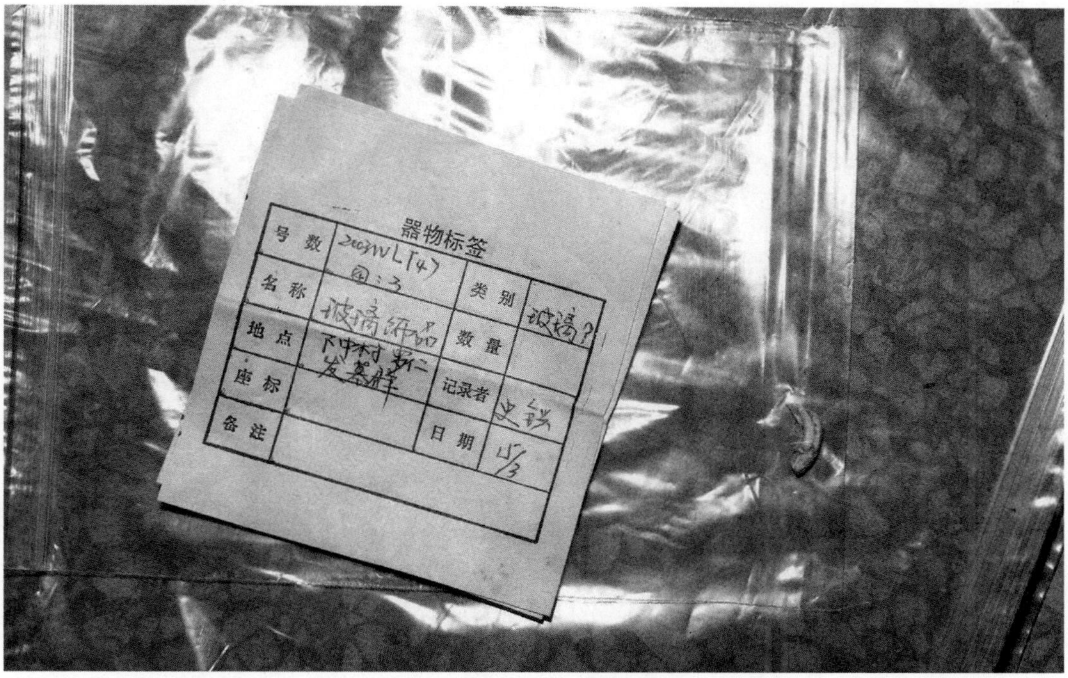

图4.4　2003CWLT47④：3出土类玻璃饰物

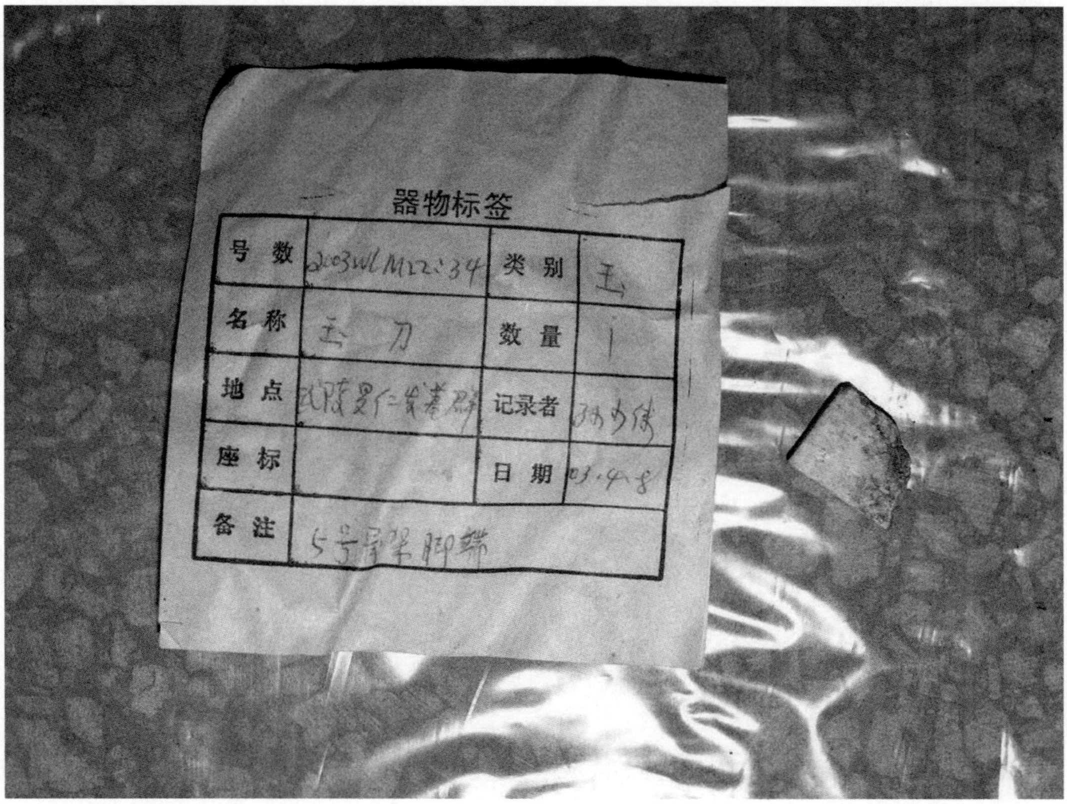

图4.5　2003CWLM22：34出土玉刀

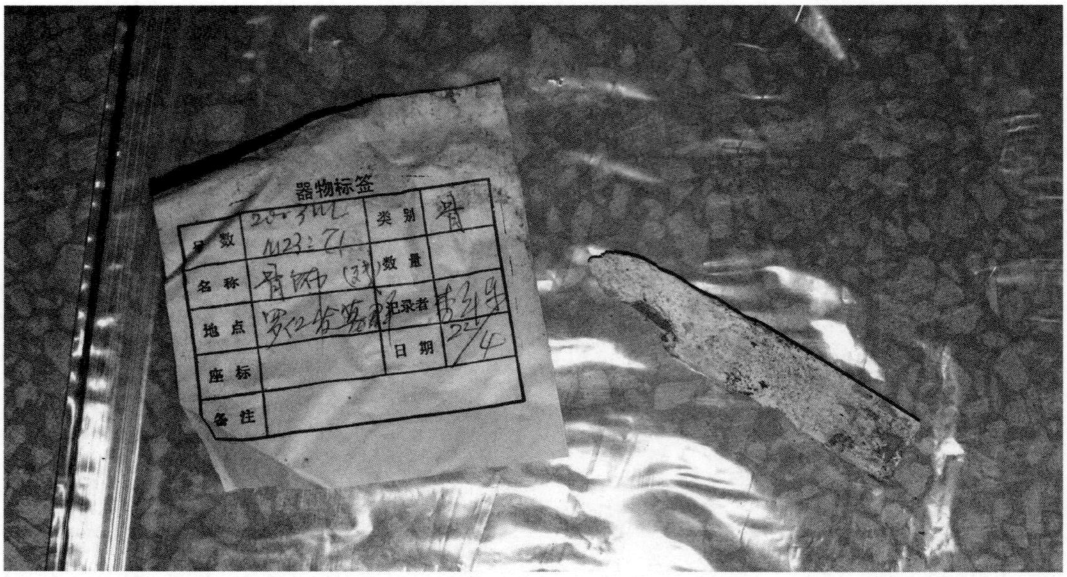

图4.6　2003CWLM23：71出土骨饰残器

图4.7　武陵墓群样品采集包装情况

表4.1　武陵墓群采集样品统计表

序号	编号	样品描述	样品照片	取样部位	样品考古编号	时代
1	20121114CWL001	铜钱包裹物，材质不明，残渣	 	自然脱落	2002CWL M：90	汉代
2	20121114CWL002	铜纽，表面锈蚀严重	 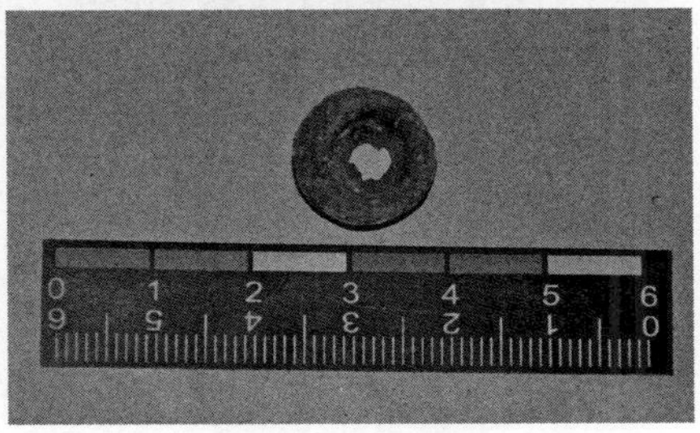	整体取样	2002CWL M3：22	汉代

续表

序号	编号	样品描述	样品照片	取样部位	样品考古编号	时代
2			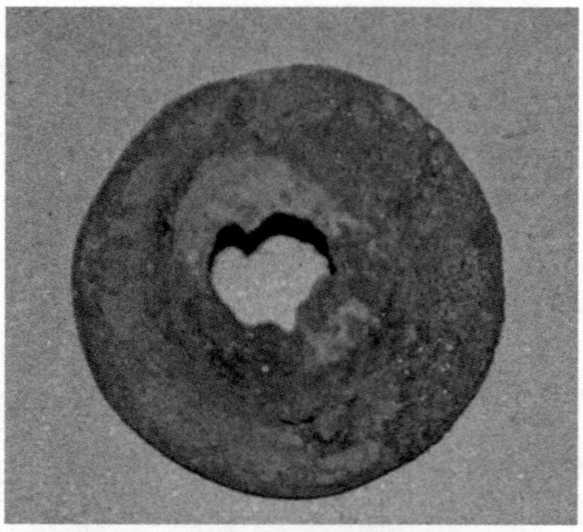 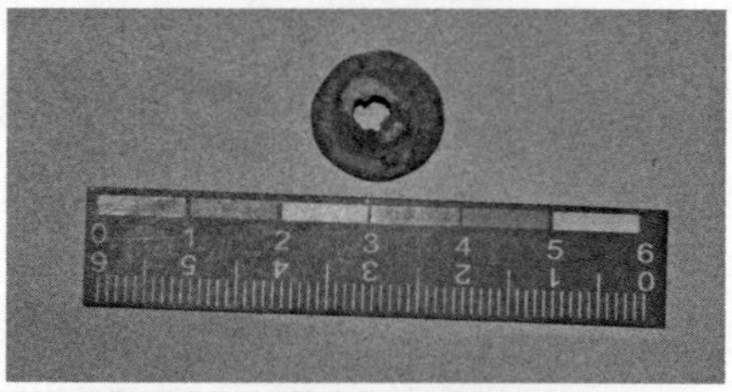			
3	20121114CWL003	铁器，锈蚀严重，部分松动		自然脱落部分	2003CWL M23：7	汉代
4	20121114CWL004	玻璃饰品，表面被土侵蚀严重，中间可见玻璃	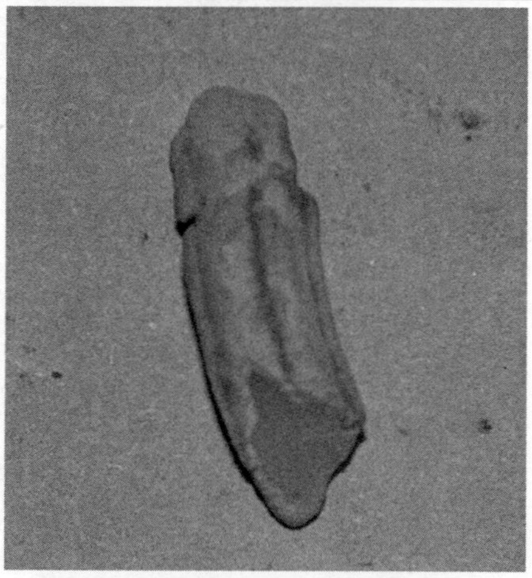 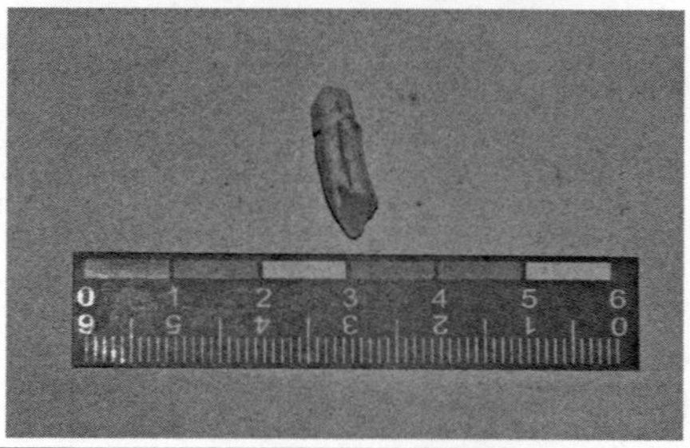	残块	2003CWL T47④：3	汉代

续表

序号	编号	样品描述	样品照片	取样部位	样品考古编号	时代
4			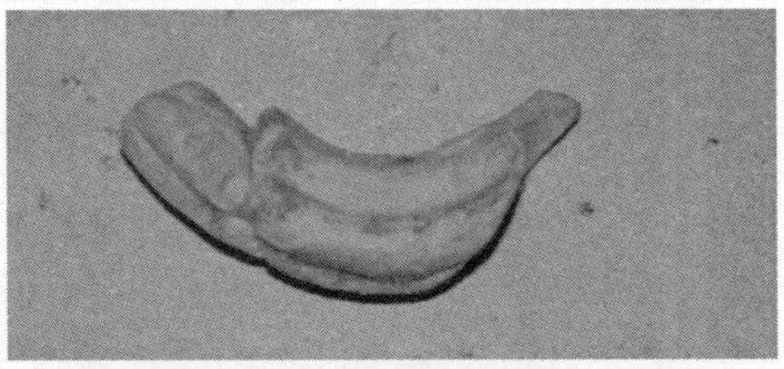 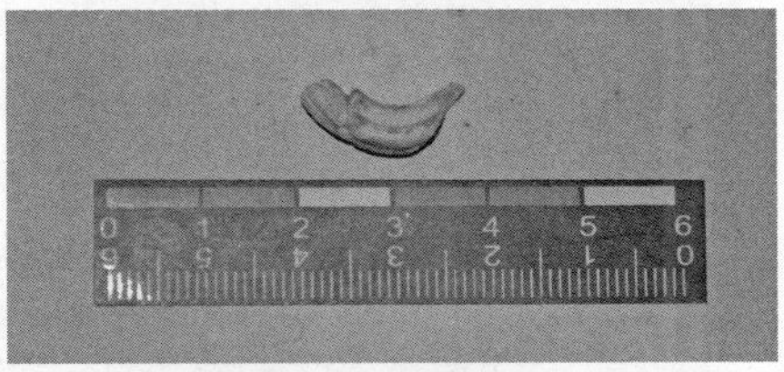			
5	20121114CWL005	玉刀，整体被土侵蚀严重	 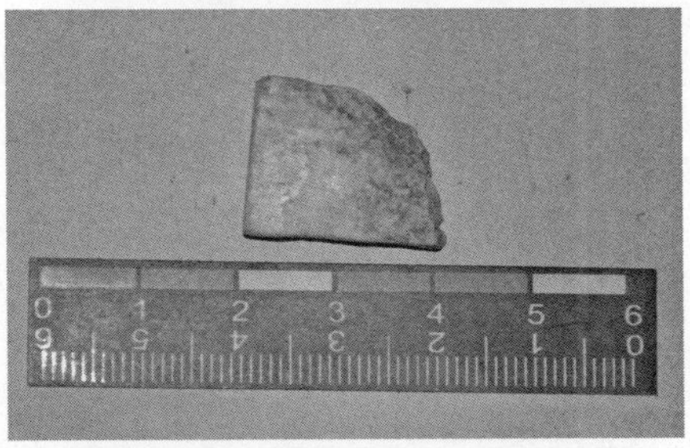  	自然脱落部分	2003CWL M22：34	汉代

续表

序号	编号	样品描述	样品照片	取样部位	样品考古编号	时代
6	20121114CWL006	骨，表面有斑点	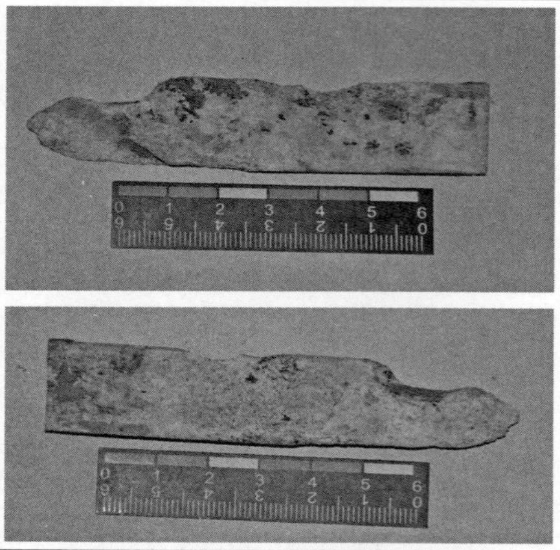	自然脱落部分	2003CWL M23：71	汉代

5　科技分析

5.1　实验方法和仪器

5.1.1　采用超景深显微镜

型号：KH-7700型；生产厂家：日本浩视公司；主要技术指标：采用先进的金属卤素冷光源，放大倍数0～7000倍，201万动态像素，三维电动旋转功能，功能能软件，具有多种测量（2D、3D图像）、计算、图像对比、定时自动拍图、多焦平面图像复合、可快速进行各种在线实时精确测量等功能。

5.1.2　X射线荧光光谱仪

实验仪器为ARTAX-400可以动X射线荧光光谱仪（德国布鲁克公司生产）ARTAX-400是一款可移动式的微区X射线荧光光谱仪，分析元素范围11Na-92U，空间分辨率0.2～1.5mm，采用帕尔贴冷却技术的第四代XFlash®SDD硅漂移探测器，不需要液氮，没有任何消耗，分辨率优于159eV（MnKa at 100Kcps），仪器配备有Mo靶X射线光管功率40W，第四代XFlash®SDD硅漂移探测器等，为获取高可靠性的成分数据提供了保证。

5.1.3　金相分析

金相显微照片镜仪器型号为CMM-30Z体式金相显微镜，滤镜的选择为无， 预磨机为上海金相机械设备有限公司生产的YM-2号预磨机，砂纸直径为230mm，磨盘转速为400r/min和500r/min两种规格，抛光机为上海金相机械设备有限公司生产的PG-1号抛光机，抛盘直径220mm，抛盘转速为900r/min。

5.1.4　微观形貌观察

VEGA 3 XM钨灯丝扫描电子显微镜由捷克TESCAN公司生产，仪器有关参数为，二次电子分辨率在30kV为3.0nm，在3kV下为8.0nm，背散射电子分辨率在30kV为3.5nm，放大范围为1.5X～1,000,000X，使用200V～30kV电压加速，探针电流为1pA～2uA。样品室规格为：300mm（W）×330mm（D）×310mm（H）；测试得到青铜器扫描电子显微图和能谱图，分析样品微观结构和元素种类及锈蚀物与本体直接结合状态等。

5.2　测试结果与分析

5.2.1　超景深显微测试分析

为了了解样品表面、断面等的微观信息，采用超景深三维视频显微系统对样品进行系统观察分析，分析结果如下：

由图5.1可见，2002CWLM：90出土铜钱包裹物在与铜钱本体接触之间存在着的土壤，主要是泥浆流淌渗入铜钱内部，失水固化后，填充在铜钱与包裹物之间，黄褐色土壤流淌痕迹明显，结构酥松，其中夹杂少量绿色铜钱锈蚀物，之后为深褐色结构致密包裹物，其中绿色铜钱锈蚀物较多，且与褐色包裹物交错混杂。

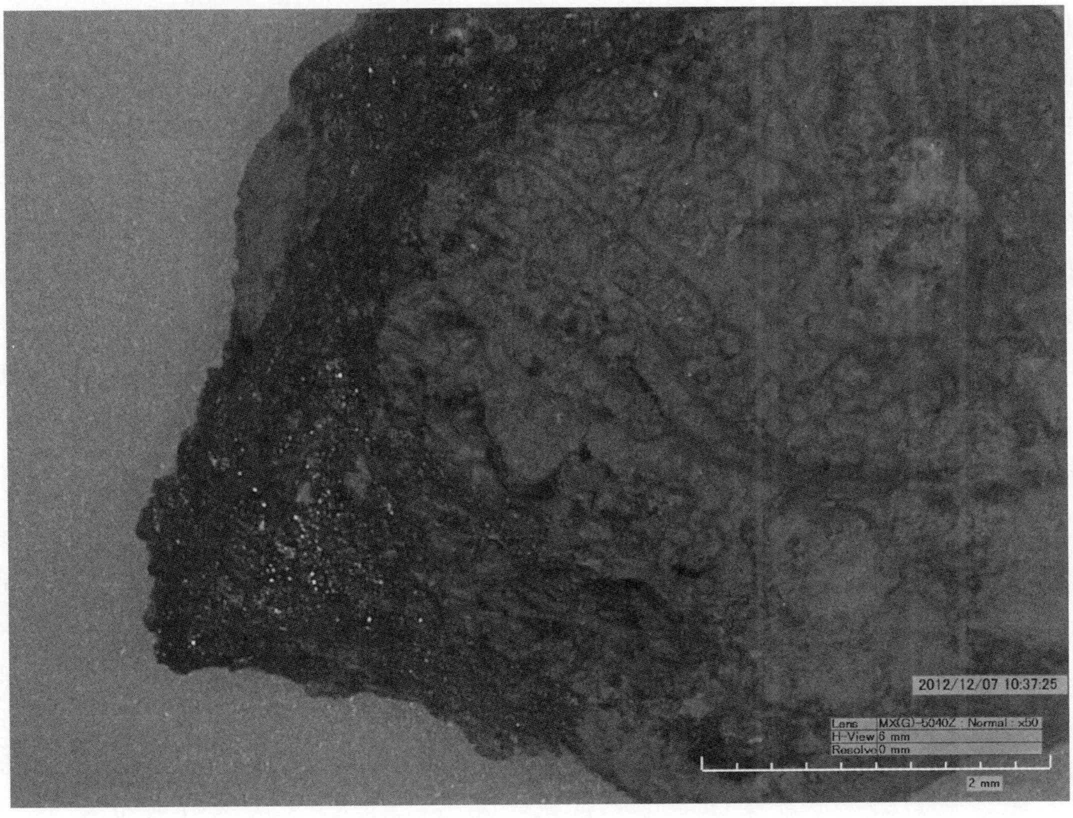

图5.1　2002CWLM：90出土铜钱包裹物（20121114CWL001）显微照片×50

图5.2　2002CWLM：90铜钱包裹物（20121114CWL001）显微照片 ×50

由图5.2可见，2002CWLM：90铜钱包裹物表层呈现出褐色包裹物与锈蚀物交错渗透分布，表面孔隙较多，结构酥松。

由图5.3和图5.4可见，2002CWLM3：22出土铜纽表面不均匀分布有锈蚀物、泥土等污染物，锈蚀物主要以深绿色颗粒状锈蚀物为主，也有少量亮绿色粉状锈，有些部分铜纽本体裸露，有些被棕褐色土壤遮盖，结构较为酥松。

由图5.5和图5.6可见，2003CWLM23：7出土铁器表面矿化严重，主体呈褐色，结构酥松，有外界作用，产生了一定形变；断面铁本体表面呈针状排列，结构较为致密。

由图5.7可见，2003CWLT47④：3出土类玻璃饰物表面为一层厚度0.5～0.8mm不透明包浆层，结构较为酥松，内部为透明玻璃体，结构较为致密。

由图5.8、图5.9和图5.10可见，2003CWLM22：34出土玉刀加工边缘光滑，结构致密，并分布有少量褐色土壤侵蚀痕迹，红色和蓝色侵蚀核能与玉刀存放周围文物有关，红色为连续性侵蚀，而蓝色交错紫色部分呈横纵交织的平纹结构，蓝色为0.2mm×0.2mm，间隔为0.05~0.1mm。

由图5.11和图5.12可见，2003CWLM23：71出土骨饰残器加工部分较为致密，朱红色附着物，可能是在埋藏过程与侵蚀形成；腐蚀残损断面呈网状结构，骨质有机物质流失严重，只残存无机框架结构，局部有霉斑侵蚀痕迹。

图5.3　2002CWLM3：22出土铜纽（20121114 CWL002）污染物分布显微照片 ×50

图5.4　2002CWLM3：22出土铜纽（20121114 CWL002）锈蚀生长情况显微照片 ×50

图5.5　2003CWLM23：7出土铁器（20121114CWL003）矿化表面显微照片 ×50

图5.6　2003CWLM23：7出土铁器（20121114CWL003）断面显微照片 ×50

图5.7　2003CWLT47④：3出土类玻璃饰物（20121114CWL004）断面显微照片×50

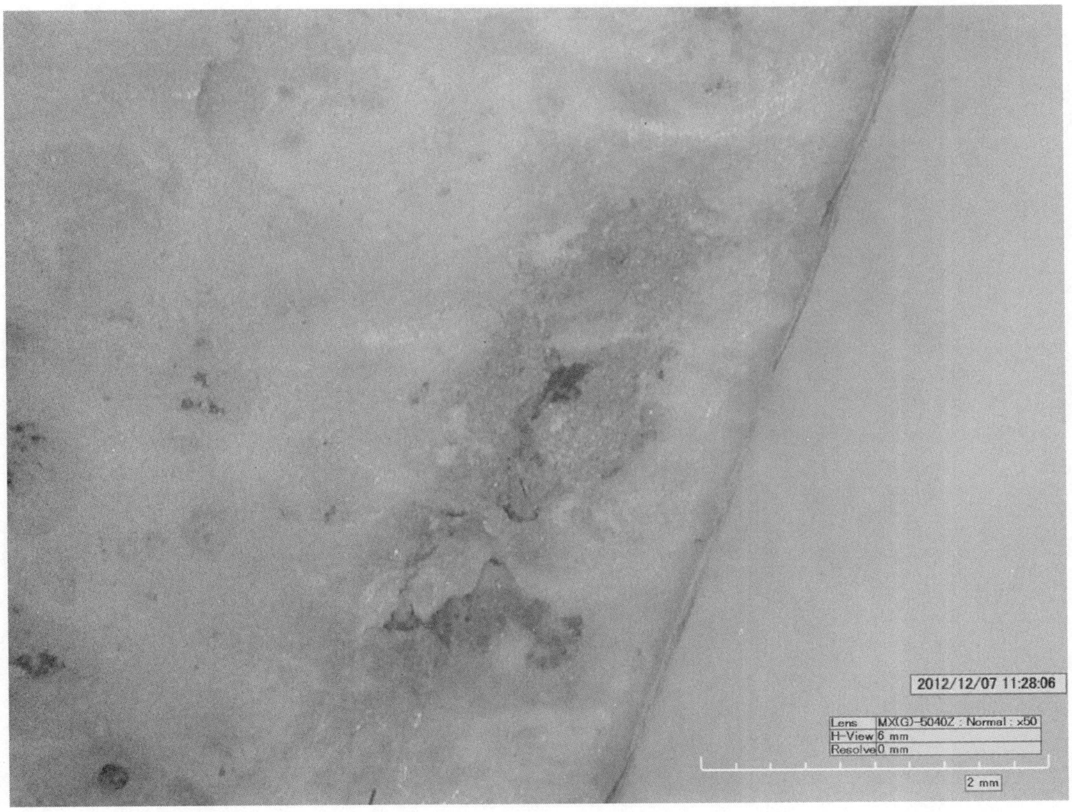

图5.8　2003CWLM22：34出土玉刀（20121114CWL005）边缘红色侵蚀显微照片 ×50

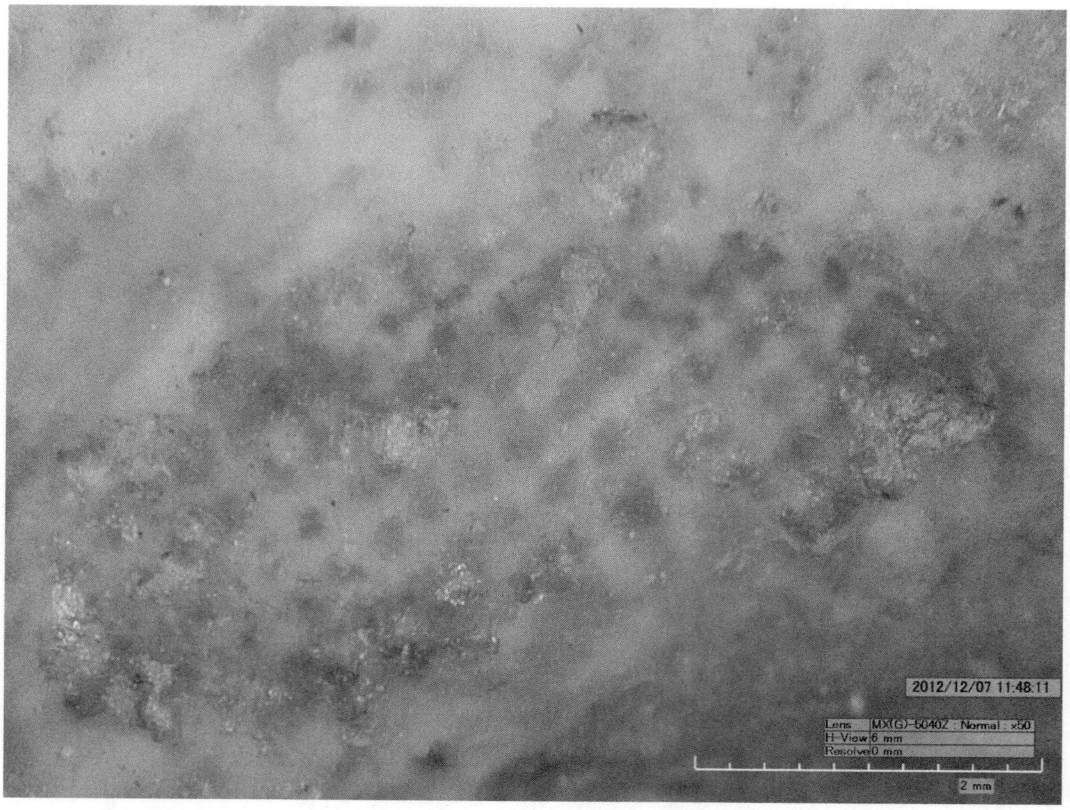

图5.9　2003CWLM22：34出土玉刀（20121114CWL005）断裂部分红蓝色侵蚀显微照片 ×50

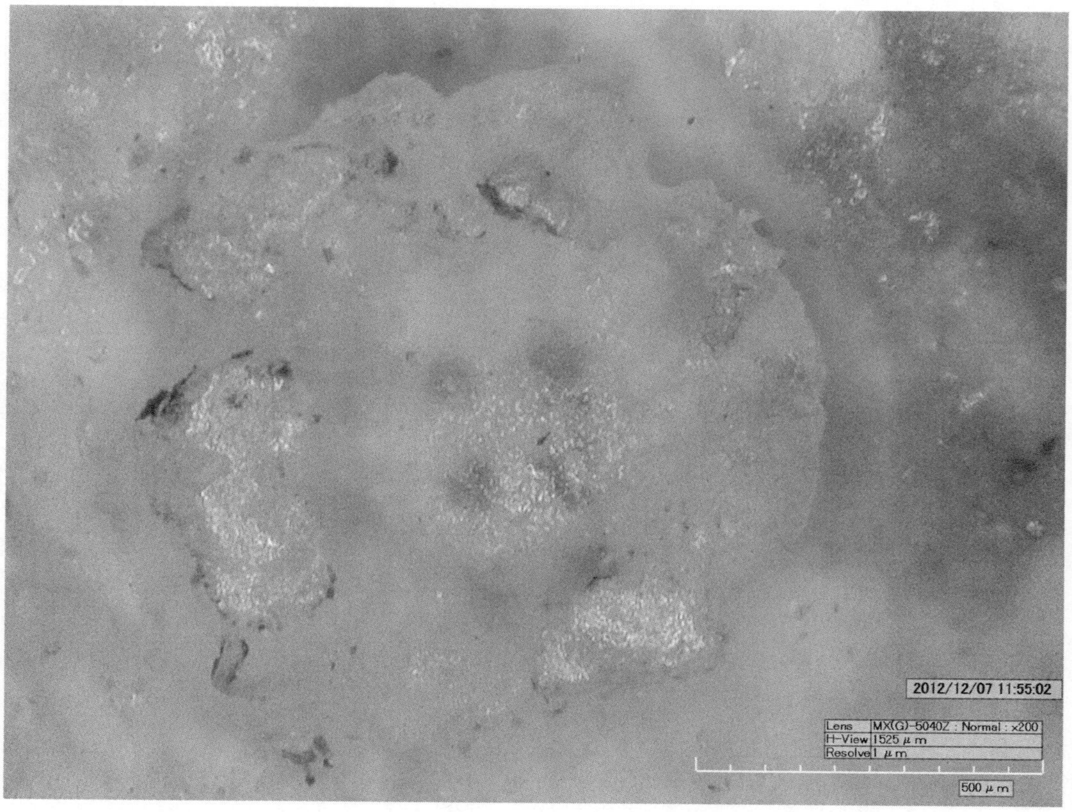

图5.10　2003CWLM22：34出土玉刀（20121114CWL005）断裂部分红蓝色侵蚀显微照片 ×200

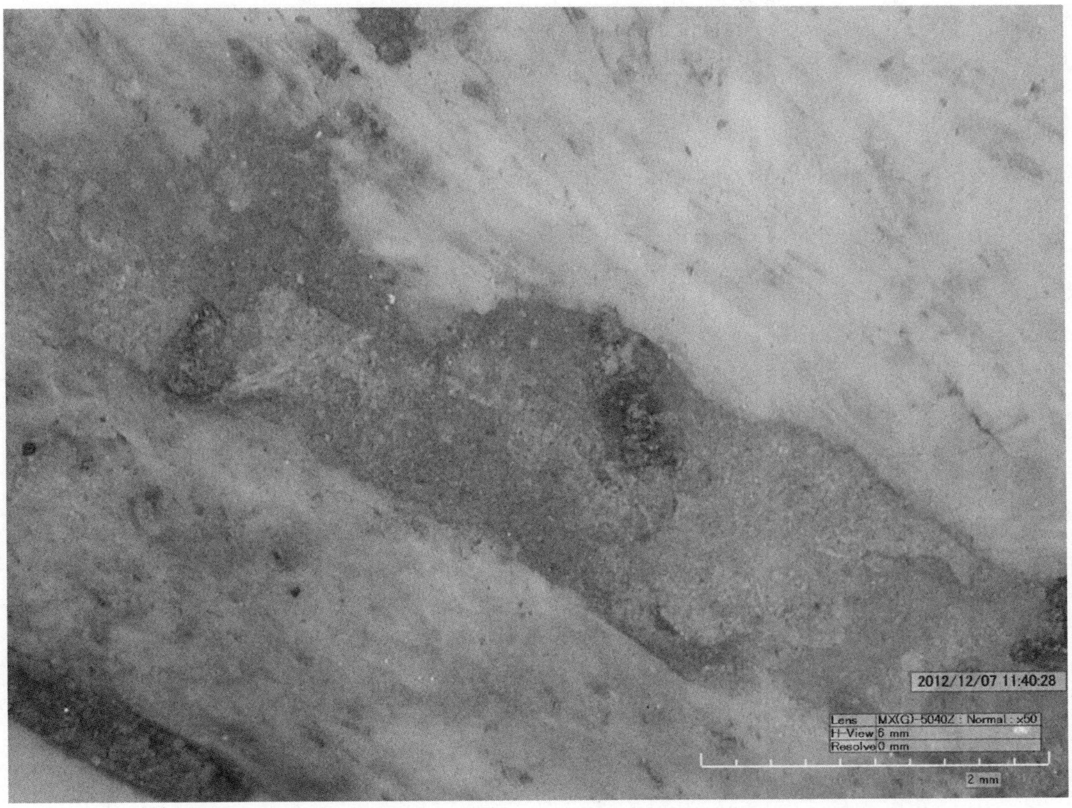

图5.11　2003CWLM23：71出土骨饰残器（20121114CWL006）红色侵蚀表面显微照片×50

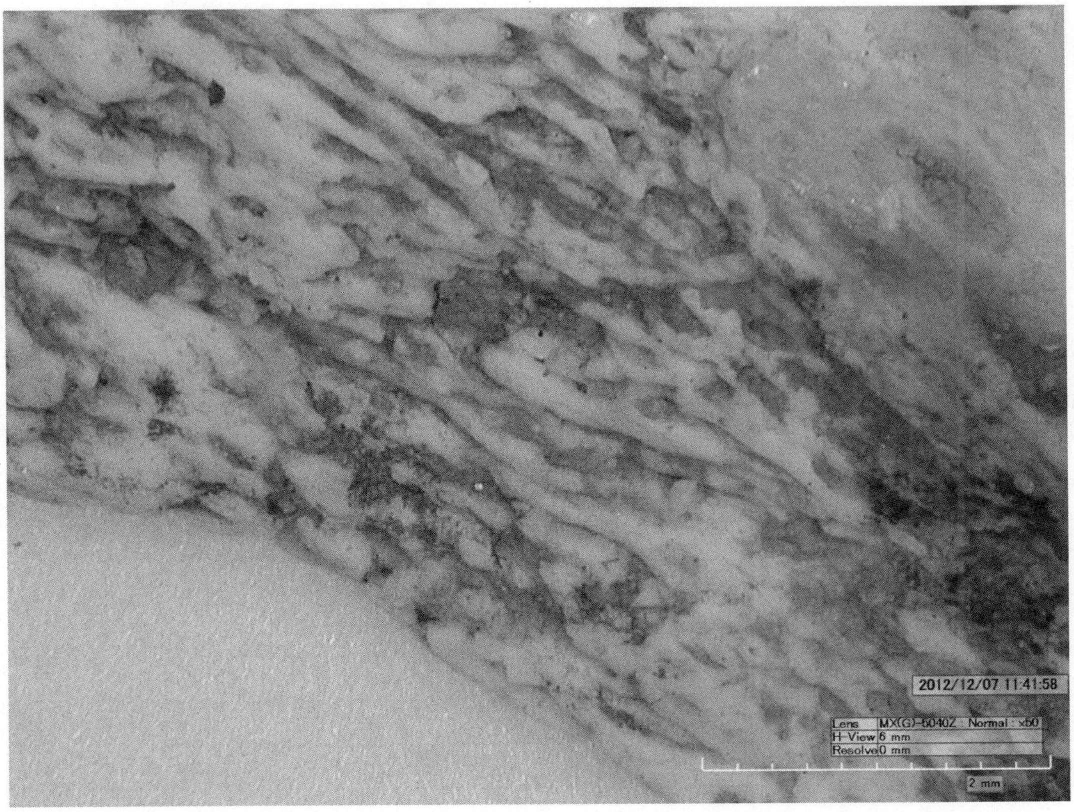

图5.12　2003CWLM23：71出土骨饰残器（20121114CWL006）腐蚀残损断面显微照片×50

5.2.2 X射线荧光测试分析

实验仪器：德国布鲁克公司生产的ARTAX-400可移动式微区X射线荧光光谱仪。

测试条件：Mo靶X射线，光管功率40w，分析元素范围11Na-92U，空间分辨率0.2 ~ 1.5mm

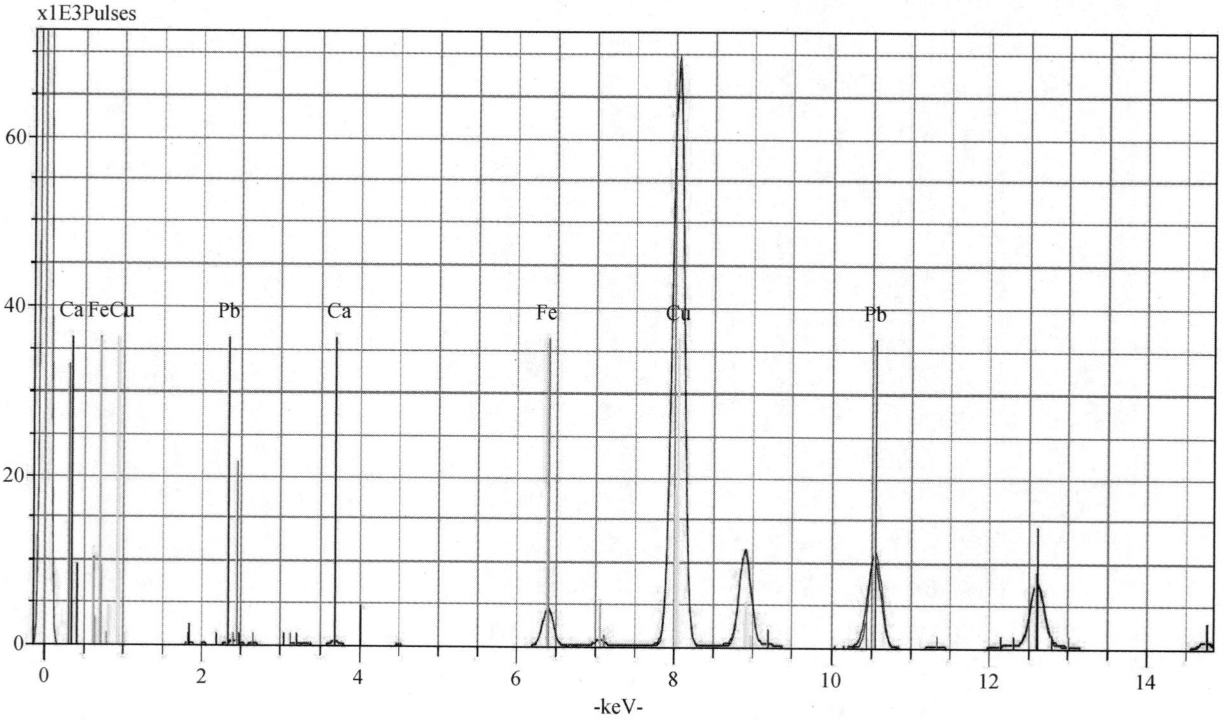

图5.13 2002CWLM：90出土铜钱包裹物（20121114CWL001）X荧光分析谱图

表5.1 2002CWLM：90出土铜钱包裹物（20121114CWL001）X荧光分析元素统计表

Element	Line	Conc./	Sigma/	RSD/%	LLD/	Net area	Chi
Ca	K12	0.000	0.000		0.000	5741	3.91
Fe	K12	0.000	0.000		0.000	56183	6.83
Cu	K12	0.000	0.000		0.000	960112	95.93
Pb	L1	0.000	0.000		0.000	173277	185.90
Pb	M1	0.000	0.000		0.000	2786	2.80

表5.2 2002CWLM：90出土铜钱包裹物（20121114CWL001）X荧光分析归一化统计表

Elem.	Counts/s	Wt.-%	ı. Wt.-%	At.-%	Error	Info
Ca	21089	1.11	5.18	9.48	0.12	
Fe	215098	0.91	4.25	5.57	0.06	
Cu	3719.89	14.11	66.12	76.30	0.68	
Pb	1131.50	5.22	24.45	8.65	0.28	
		21.34				

根据2002CWLM：90出土铜钱包裹物X荧光元素含量分析为铜66.12%，铅24.45%，可能是包裹物与铜钱长期共存造成铜锈的滋生和污染。

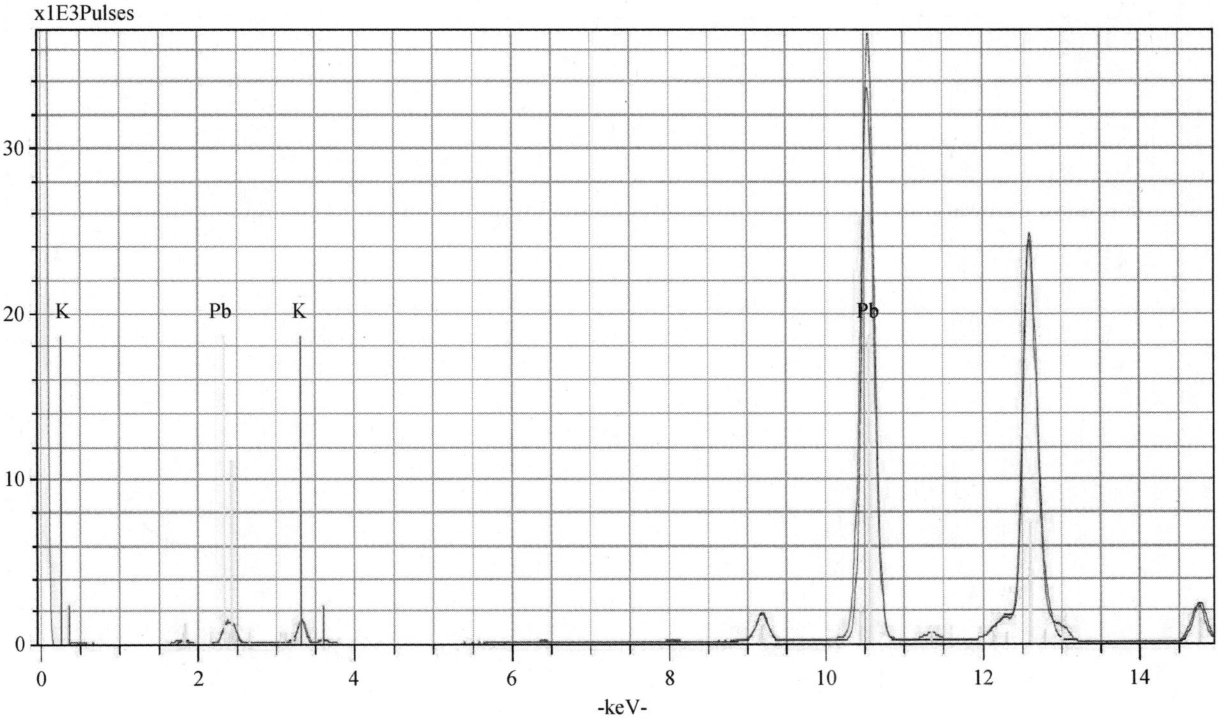

图5.14　2003CWLT47④：3出土类玻璃饰物（20121114CWL004）X荧光分析谱图

表5.3　2003CWLT47④：3出土类玻璃饰物（20121114CWL004）X荧光分析元素统计表

Element	Line	Conc./%	Sigma/%	RSD/%	LLD/%	Net area	Chi
K	K12	204.150	1.895	0.9	1.729	14241	14.62
Pb	L1	Not det.				558103	572.22
Pb	M1	Not det.				9700	12.59

表5.4　2003CWLT47④：3出土类玻璃饰物（20121114CWL004）X荧光分析归一化统计表

Elem.	Counts/s	Wt.-%	ɿ. Wt-%	At.-%	Error	Info
K	61.04	10.03	44.20	80.76	0.88	
Pb	3638.95	12.66	55.80	19.24	0.62	
		22.69				

2003CWLT47④：3出土类玻璃饰物（20121114CWL004）荧光数据显示其成分主要是铅和钾，其主要成分可能是钾和铅的氧化物或盐类。

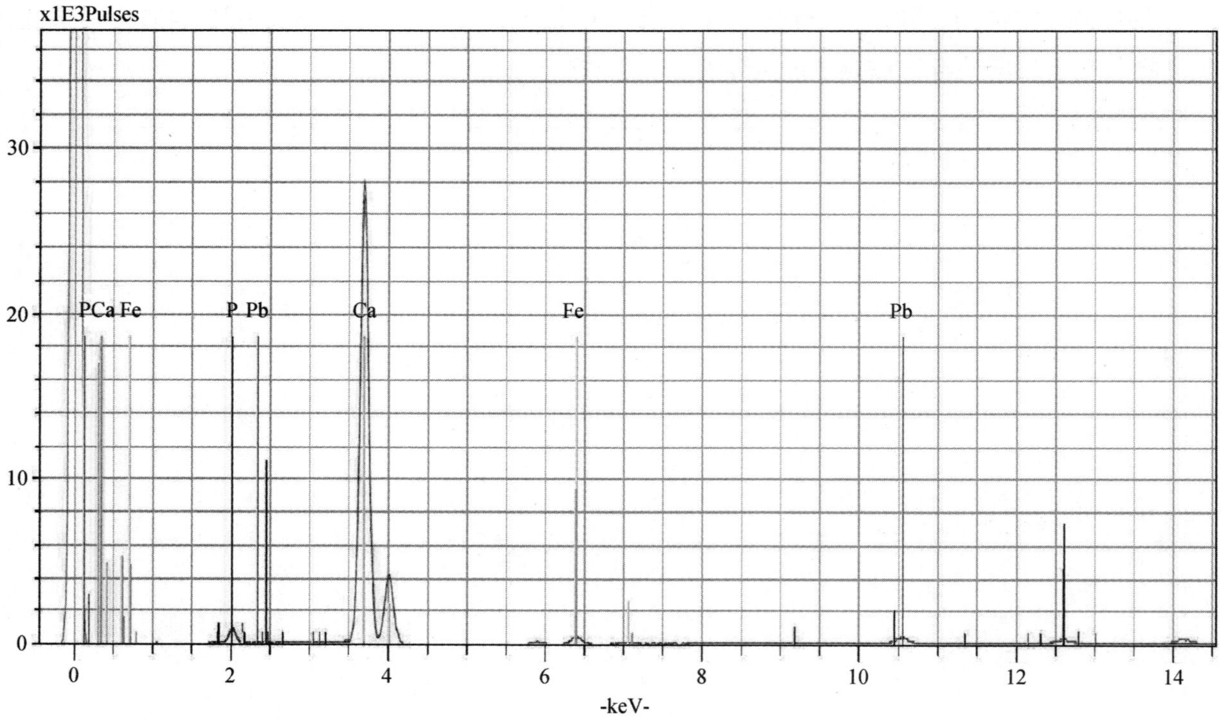

图5.15 2003CWLM22：34出土玉刀（20121114CWL005）X荧光分析谱图

表5.5 2003CWLM22：34出土玉刀（20121114CWL005）X荧光分析元素统计表

Element	Line	Conc./%	Sigma/%	RSD/%	LLD/%	Net area	Chi
P	K12	93.819	1.138	1.2	1.100	8584	17.74
Ca	K12	6.318	0.012	0.2	0.004	294059	170.86
Fe	K12	0.031	0.001	1.6	0.001	5538	4.08
Pb	L1	Not det.				5335	6.35
Pb	M1	Not det.				130	2.03

表5.6 2003CWLM22：34出土玉刀（20121114CWL005）X荧光分析归一化统计表

Elem.	Counts/s	Wt.-%	ך. Wt-%	At.-%	Error	Info
P	30.27	15.60	20.82	25.30	4074.00	
Ca	1121.26	59.48	78.96	74.52	3.40	
Fe	20.88	0.18	0.24	0.16	0.02	
Pb	35.00	0.06	0.08	0.01	0.01	
		75.33				

根据2003CWLM22：34出土玉刀的荧光数据分析结果为含钙量78.96%，含磷量为20.82%。

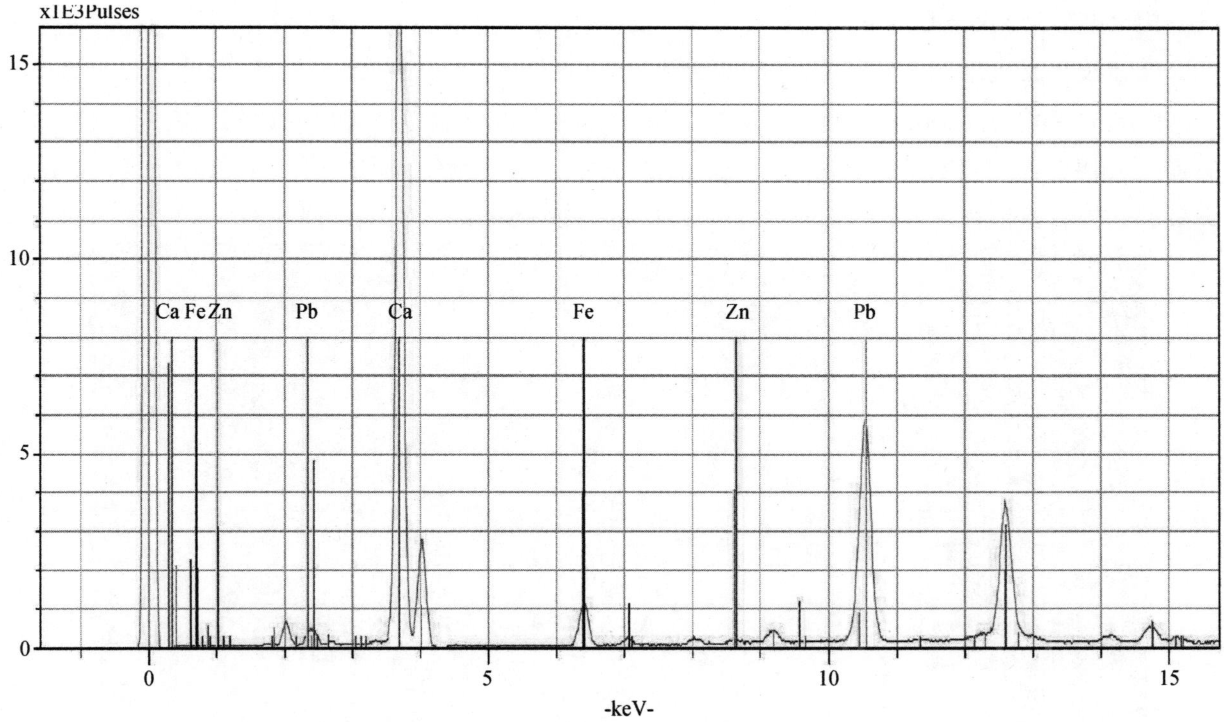

图5.16　2003CWLM23：71出土骨饰残器（20121114CWL006）X荧光分析谱图

表5.7　2003CWLM23：71出土骨饰残器（20121114CWL006）X荧光分析元素统计表

Element	Line	Conc./%	Sigma/%	RSD/%	LLD/%	Net area	Chi
Ca	K12	Not det.				198635	113.37
Fe	K12	10.365	0.096	0.9	0.092	14638	1.08
Zn	K12	0.566	0.039	6.9	0.077	1386	1.16
Pb	L1	128.864	0.442	0.3	0.306	95318	92.21
Pb	M1	445.796	10.446	2.3	15.433	3536	22.44

表5.8　2003CWLM23：71出土骨饰残器（20121114CWL006）X荧光分析归一化统计表

Elem.	Counts/s	Wt.-%	1. Wt-%	At.-%	Error	Info
Ca	616.98	25.74	61.30	69.09	1.53	
Fe	2073.35	15.97	38.03	30.76	0.03	
Pb	104.58	0.28	0.46	0.14	0.02	
		41.99				

根据2003CWLM23：71出土骨饰残器X荧光分析，钙61.30%和铁38.03%。主要原因是骨在长期埋藏过程中与周围环境作用，造成有机元素流失和钙铁富集，因此骨饰残器主要成分可能为钙和铁的氧化物或盐类。

5.2.3　金相测试分析

为了观察金属的金相结构，对样品做了金相分析。

相机型号：Nikon E5400

浸蚀液：三氯化铁水溶液（120ml蒸馏水，30ml盐酸，10g氯化铁）

由图5.17可见，2002CWLM3：22出土铜纽金相中α相结晶呈细长的针状，表明器物冷却时速度较快，元素没有充分的扩散，所以结晶较细，与器物较薄相吻合。（α+δ）结晶相保存较好，没有腐蚀现象。铅含量较多，多处可见铅腐蚀坑和铸造孔洞。

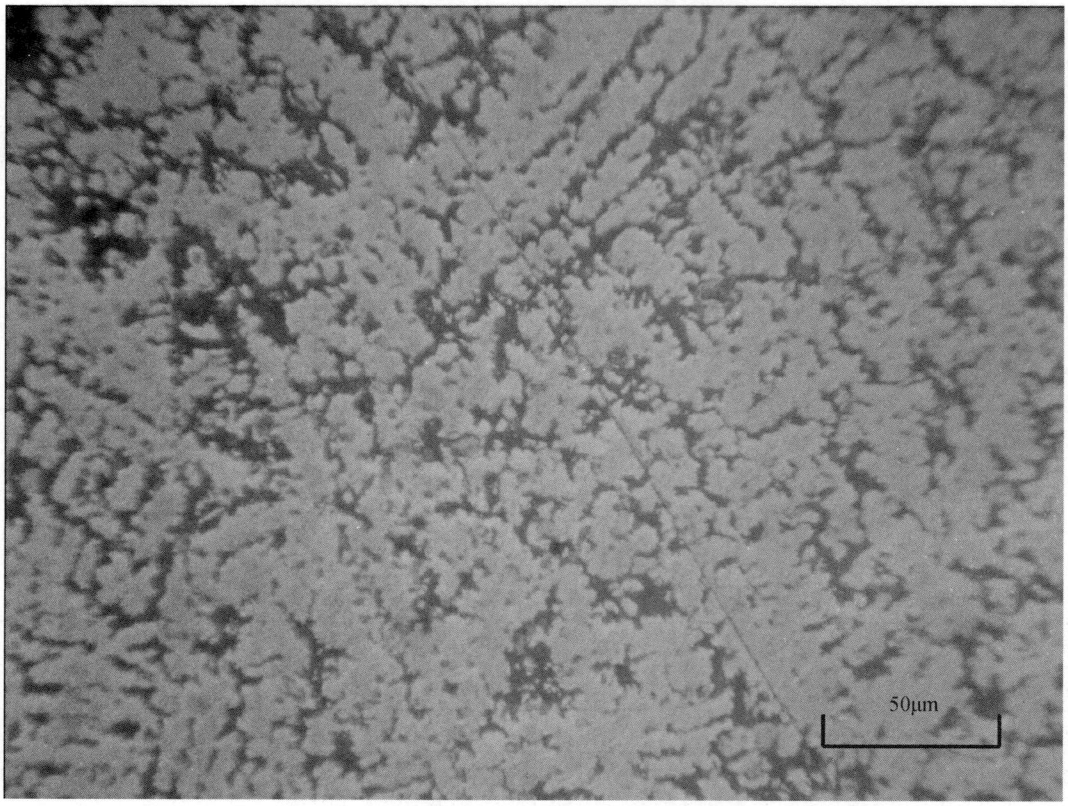

图5.17　2002CWLM3：22出土铜纽（20121114 CWL002）金相分析照片×100

5.2.4　扫描电镜能谱测试分析

为了解样品结构，对部分样品进行了扫描电镜和能谱分析。

测试仪器：捷克TESCAN扫描电镜能谱仪

测试条件：电压10KV发射电流88uA，样品压力小于9×10（-3）Pa

由图5.18可见，2002CWLM：90出土铜钱包裹物a点为扫描电镜下白色发光区，Cu含量为61.28%；b点为扫描电镜吸光平整区，Cu含量为72.92%；c点为扫描电镜凹下区，Cu含量为94.6%，占绝对优势，说明该铜钱包裹物中铜元素含量较高。

由图5.19可见， 2002CWL M3：22出土铜纽a点为扫描电镜显示深色区域主要含有Cu、Sn、Pb等元素，其中Cu含量为13.8%，Sn含量为45.42%，Pb含量为15.42%；b点Cu含量为62.85%，Sn含量为26.57%，Pb含量为8.94%；c点扫描电镜显示区域，Cu含量为47.17%，Sn含量为21.97%。说明2002CWL M3：22出土铜纽为铜锡铅合金。

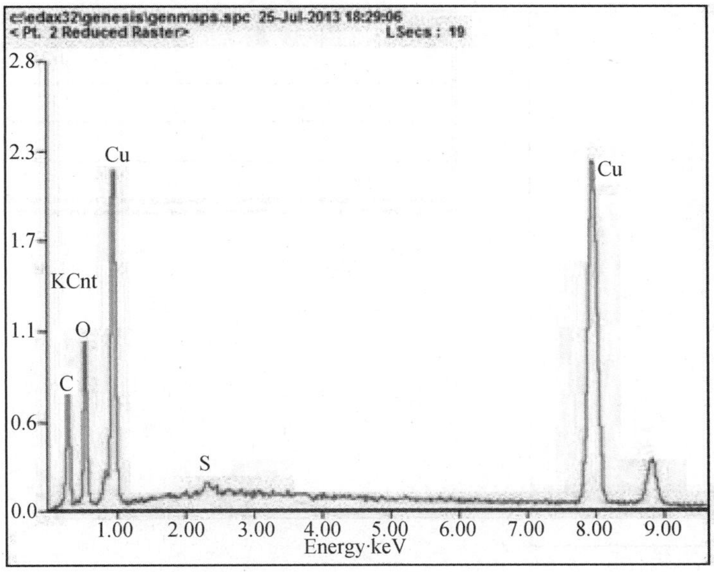

Element	*Wt%*	*At%*
CK	22.62	49.13
OK	15.44	25.17
SK	00.66	00.54
CuK	61.28	25.16
Matrix	Correction	ZAF

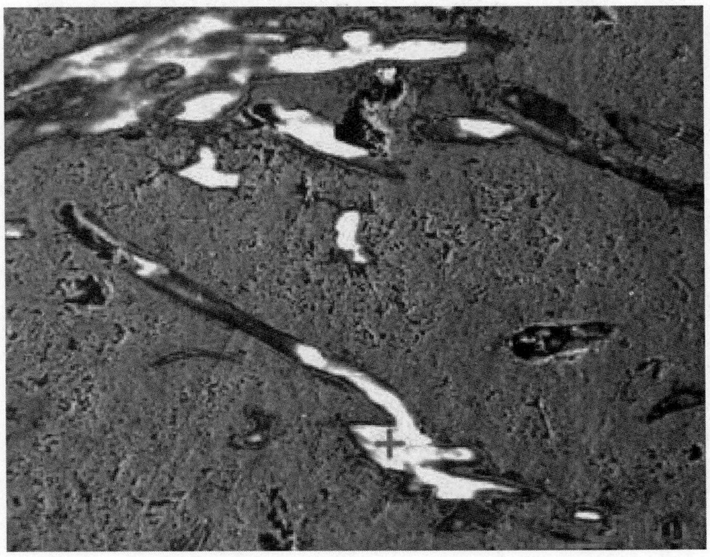

图5.18-a　2002CWLM：90出土铜钱包裹物（20121114CWL001）扫描电镜能谱分析a点

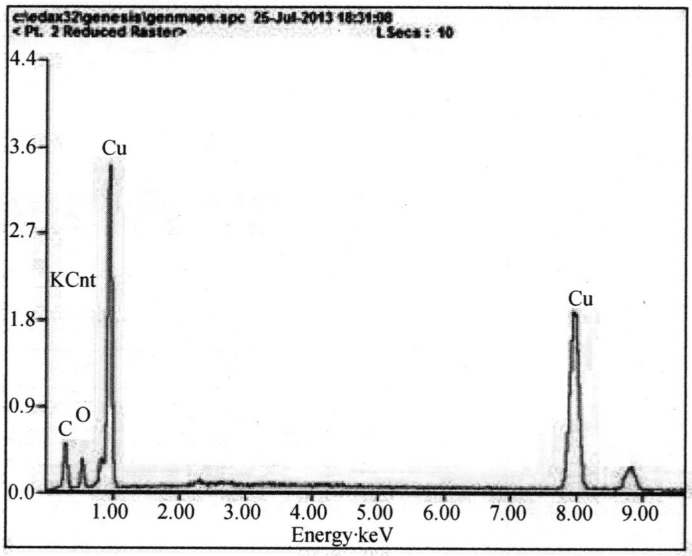

Element	*Wt%*	*At%*
CK	20.74	52.79
OK	06.34	12.12
CuK	72.92	35.09
Matrix	Correction	ZAF

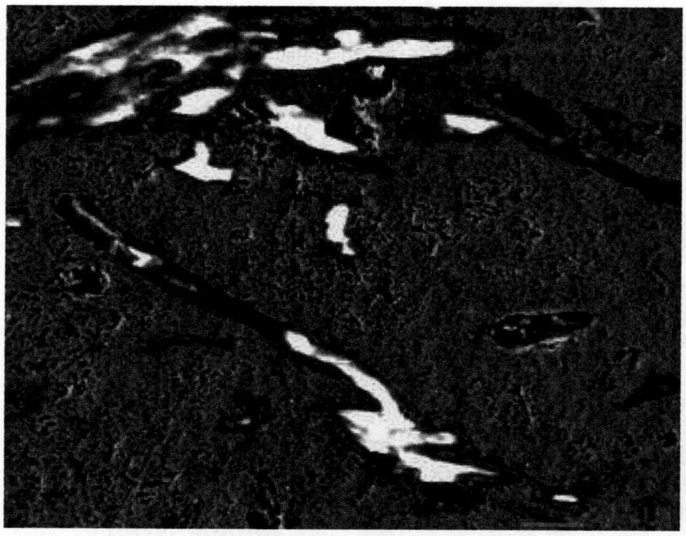

图5.18-b　2002CWLM：90出土铜钱包裹物（20121114CWL001）扫描电镜能谱分析b点

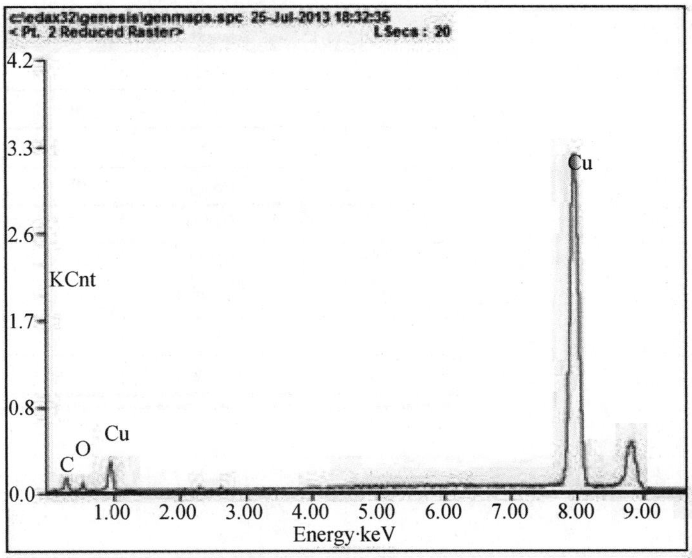

Element	Wt%	At%
CK	04.66	20.19
OK	00.74	02.40
CuK	94.60	77.40
Matrix	Correction	ZAF

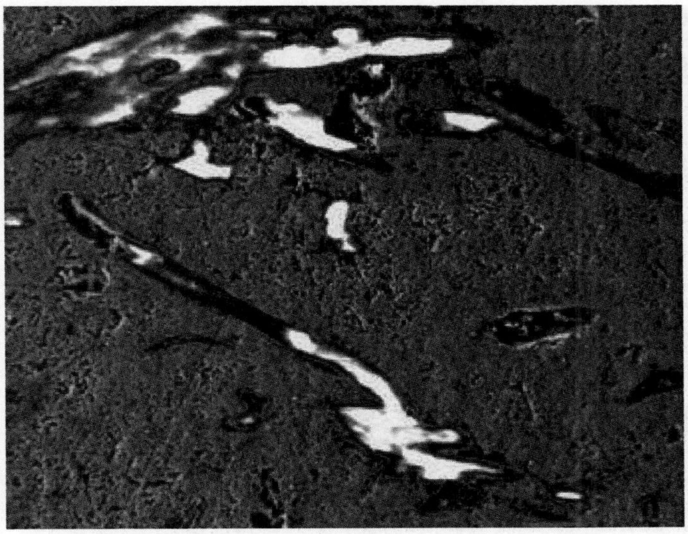

图5.18-c　2002CWLM：90出土铜钱包裹物（20121114CWL001）扫描电镜能谱分析c点

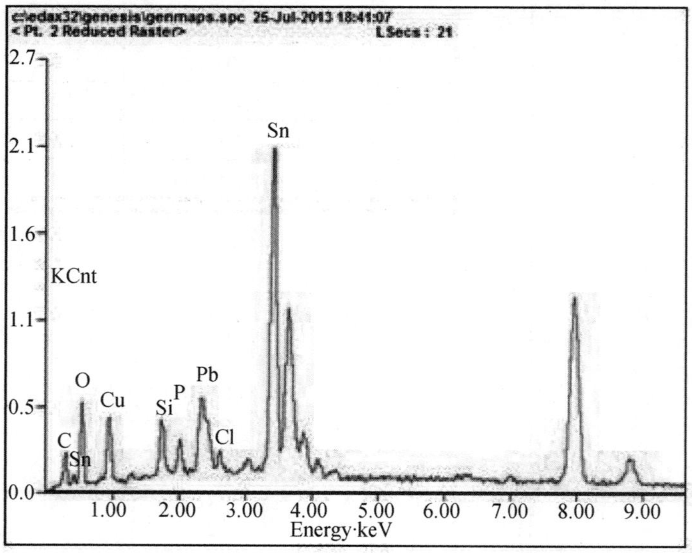

Element	*Wt%*	*At%*
CK	05.08	19.32
OK	14.24	40.68
CuL	13.80	09.93
SiK	03.11	05.06
PK	01.89	02.79
CLK	01.04	01.33
SnL	45.42	17.48
PbL	15.42	03.40
Matrix	Correction	ZAF

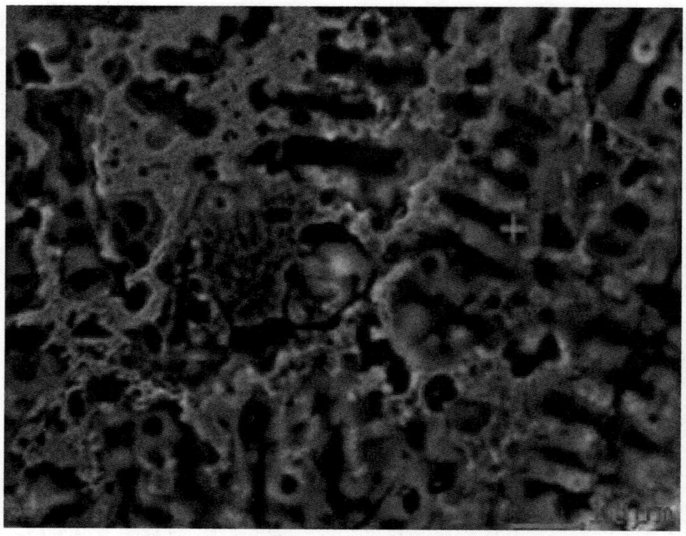

图5.19-a　2002CWLM3：22出土铜纽（20121114 CWL002）扫描电镜能谱分析a点

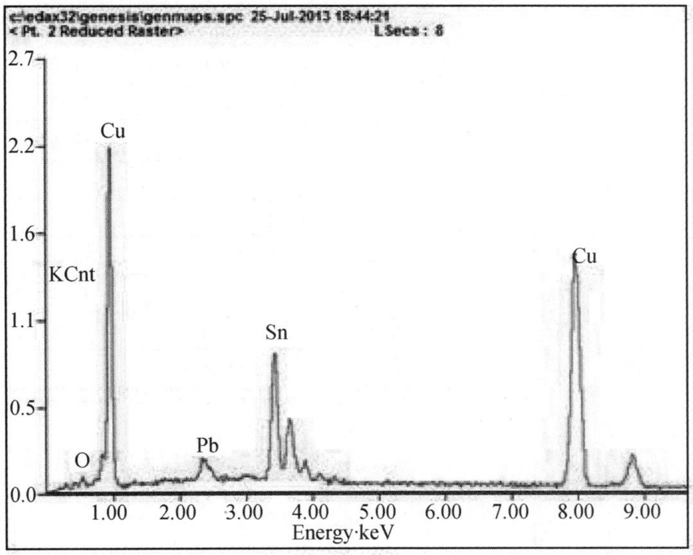

Element	Wt%	At%
OK	01.64	07.54
SnL	26.57	16.48
CuK	62.85	72.81
PbL	08.94	03.18
Matrix	Correction	ZAF

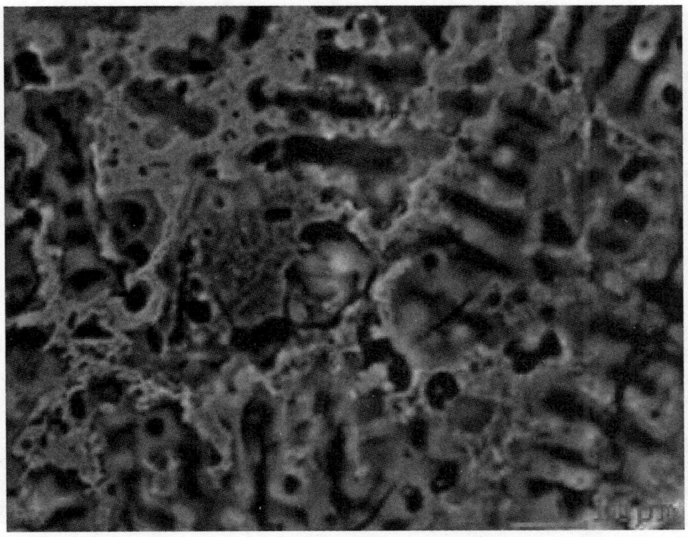

图5.19-b　2002CWLM3：22出土铜组（20121114CWL002）扫描电镜能谱分析b点

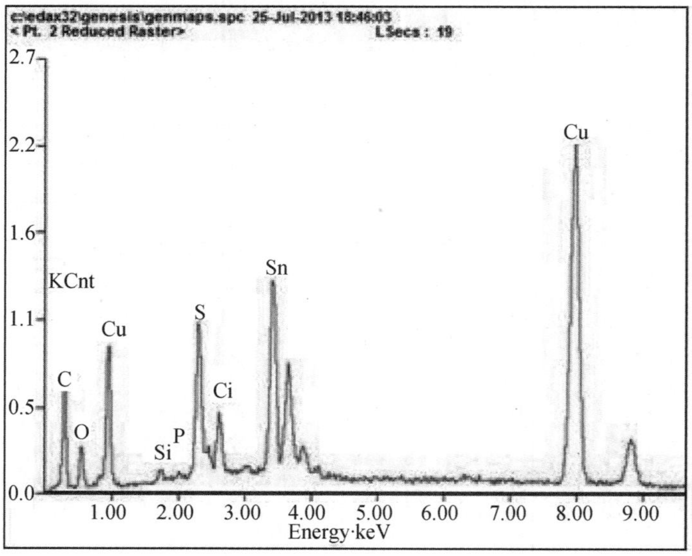

Element	*Wt%*	*At%*
CK	16.69	47.80
OK	04.89	10.51
SiK	00.66	00.80
PK	00.41	00.46
SK	05.62	06.03
CLK	02.57	02.50
SnL	21.97	06.37
CuK	47.17	25.53
Matrix	Correction	ZAF

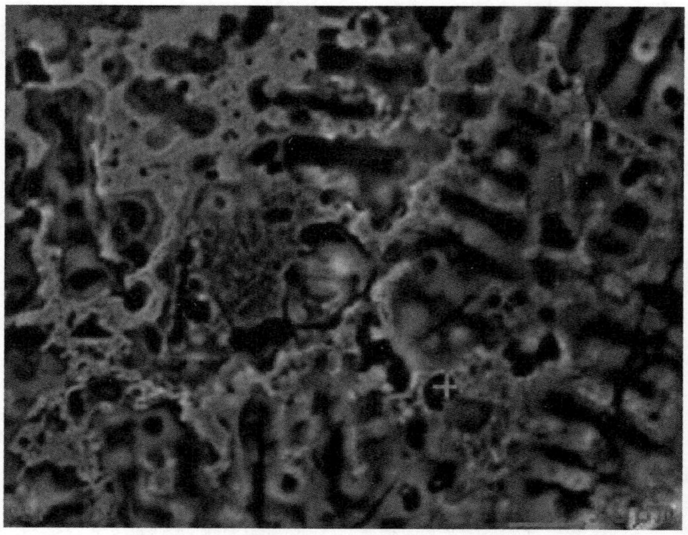

图5.19-c　2002CWLM3：22出土铜纽（20121114 CWL002）扫描电镜能谱分析c点

6　结果与讨论

2002CWLM：90出土铜钱包裹物结构致密深褐色，并夹杂大量绿色铜钱锈蚀物，在包裹物与铜钱本体之间填充着泥浆流淌渗入铜钱内部固化的土壤，结构酥松，夹杂少量绿色铜钱锈蚀物；X荧光元素含量分析为铜66.12%，铅24.45%，钙5.18%，铁5.57%，这种现象可能是包裹物与铜钱长期共存造成铜锈的滋生和污染；扫描电镜能谱分析该铜钱包裹物中铜元素含量较高。

2002CWLM3：22出土铜纽锈蚀物主要以深绿色颗粒状锈蚀物为主，也有少量亮绿色粉状锈，有些部分铜纽本体裸露，有些被棕褐色土壤遮盖，结构较为酥松；金相中α相结晶呈细长的针状，表明器物冷却时速度较快，元素没有充分的扩散，所以结晶较细，与器物较薄相吻合。（$\alpha+\delta$）结晶相保存较好，没有腐蚀现象。铅含量较多，多处可见铅腐蚀坑和铸造孔洞；扫描电镜能谱分析铜纽为铜锡铅合金。

2003CWLM23：7出土铁器表面矿化严重，主体呈褐色，结构酥松，有一定形变；断面铁本体表面呈针状排列，结构较为致密。

2003CWLT47④：3出土类玻璃饰物表面为一层厚度0.5～0.8mm不透明包浆层，结构较为酥松，内部为透明玻璃体，结构较为致密；荧光分析其成分主要是铅和钾，判断可能是钾和铅的氧化物或盐类。

2003CWLM22：34出土玉刀加工边缘光滑，结构致密，有少量褐色土壤侵蚀痕迹，红色和蓝色侵蚀可能与玉刀存放周围文物有关，红色为连续性侵蚀，蓝色交错紫色部分，呈横纵交织的平纹结构；X荧光分析含钙量78.96%，含磷量为20.82%，铅含量和铁含量较低。

2003CWLM23：71出土骨饰残器加工部分较为致密，朱红色附着物，可能是在埋藏过程与侵蚀形成；腐蚀残损断面呈网状结构，骨质有机物质流失严重，只残存无机框架结构，局部有霉斑侵蚀痕迹；X荧光分析钙61.3%和铁38.03%。

7　结　　论

（1）武陵墓群出土铜质文物均被腐蚀较严重，对结构致密的锈蚀物尽量减少干预，对粉状锈必须及时彻底清除，建议采用苯并三氮唑进行封护，对碎裂的器物根据文物保护修复原则进行复原保护修复。青铜器的保存环境：温度控制在15～25℃，日温差在5℃以内，相对湿度控制在15%以下。

（2）武陵墓群出土铁质文物腐蚀严重，基本完全矿化，腐蚀产物为针状，结构酥松，强度低，在保存过程中应对其带锈封护，对已碎裂的器物，遵守文物保护修复原则进行复原保护修复。铁器的保存环境：温度控制在15～25℃，日温差在5℃以内，相对湿度控制在15%以下。

（3）武陵墓群出土玉石器在埋藏过程中被土壤侵蚀较严重，建议进行适当清洗后存放在相对稳定环境中。保存环境：日温差在5℃以内。

（4）武陵墓群出土骨器骨质酥松，腐蚀严重部分呈纤维网状分布，适当清洗后进行防霉、防腐、防虫处理。骨质残块保存环境：温度保存在15～25℃，日温差在5℃以内，相对湿度控制在45%～65%。

后　　记

武陵墓群的发掘工作从2002年3月一直延续到2003年5月，按照重庆市文物局三峡考古项目管理的统一要求，墓群年度发掘报告已经完成，将集中发表于《重庆库区考古报告集》。本报告是在几个年度发掘报告的基础上，对墓地历年考古材料进行全面梳理的成果。编写工作历时两年多，自2013年启动，到2015年上半年基本完成。受编者水平的限制，报告中难免存在一些疏漏和不足，敬请各位专家、同行指正。

项目田野发掘、资料整理、报告编写工作人员如下：

先后参加田野发掘的工作人员有：邹后曦、方刚、向渠奎、彭学斌、岳宗英、李应东、郑燮、谭建华、刘江、曾先龙、吕积民、许新民、齐文军、齐军、吴学功、上官林全、董朴顺、陈蓁、吕俊耀、史全兴、李平乐、孙少伟等同志。重庆市文物考古研究所邹后曦同志担任历次发掘项目领队，总体负责项目发掘工作；方刚、向渠奎同志担任执行领队，负责项目计划、队伍组织、勘探发掘、资料整理、报告编写等组织、协调工作；方刚、彭学斌、岳宗英具体负责年度考古发掘、资料整理、年度发掘报告编写工作；工地摄影、摄像、绘图工作由李应东等负责；文物修复及发掘资料的编辑和收集由谭建华、郑燮等负责。

本报告编写由岳宗英主持。郑燮、李力、谭建华完成报告初稿的编写工作，插图的排版及图文的核对和合成由郑燮负责，绘图、照相工作由李应东同志等完成，部分照片的后期制作由雷声负责，戴安澜撰写英文简介，岳宗英负责编写人员组织、资料整理方案编制、报告体例拟定，方刚对报告进行了修改、通撰，邹后曦对报告进行了最后审定。

本报告是集体劳动的结晶。其得以出版，与各级领导尤其是重庆市三峡文物工作领导小组办公室、重庆市文化遗产研究院的关心与支持，与历年来一直兢兢业业战斗在一线工地上的各位考古工作者的奉献和努力，与当地政府相关人员的大力协调配合，以及下中村11、12组的全体村民的辛勤劳动分不开，在此一并表示诚挚的谢意！

Abstract

Wuling burial site is located in the 11th and 12th group of Xiazhongcun Village in Wuling town in Wanzhou District, Chongqing, Siting on the primary terrace of north bank of Yangtze River, facing the river in the east, backed by the Jianshan Hill in the west and Wuling Middle School in the south, separated by Xiaolangkou and facing Daqiuping burial site in the north. The burial site is overlaid by Xiazhongcun site with an area around 45000 square meters, the central geographic coordinates of the burial site are measured as latitude 30º30′ 25″ , while longitude 108º15′ 42″ . The west of the burial site is higher than the east, which is composed of three mountain ridges heading to the Yangtze River, ranked by Luorenfazui, Dafenba and Shaoerzui from the north to the south. The slope of the burial site is gentle, the spaces between the mountain ridges are filled with the flat and low bays, while the surface of the earth is terraced field, and a ground terrace closed to the river is laid below the mountain ridges. The altitude of the burial site is between 155 meter to 175 meter. The ground of the burial site before excavation was local dwellings, vegetable fields and fruit trees, the brick remains of Han Dynasty, porcelain and pottery remains could be found everywhere in the ground.

The first discovery of the burial site was during the Sichuan provincial cultural relics census in 1986, originally named as Luorenfa Burial Site, as long as a Han Dynasty stone tablet known as Que was discovered in the excavation zone which was named as Wuling Que by the experts, the name of the burial site was change to Wuling Burial Site. In 1994, the archaeological team of Xiamen University surveyed and partially excavated the burial site in the investigation and planning stage of cultural relics rescue in the Three Gorges Reservoir Area, four brick-made tombs of Han to Six Dynasties were excavated which shaped in blade and 中 character, a serial objects of porcelain, pottery, stone and copper coins were unearthed, resulting this project ranked in Class A excavation. From March 2002 to December 2003, the joint archaeological team between the Institute of Chongqing Cultural Relics and Archaeology and Wanzhou Museum made three excavations in the field of the burial site with a total area of 5230 square meters, 33 tombs were discovered. The age span of these tombs could be divided into 6 phases, including 2 tombs of the Warring States Period, 5 tombs from the Western Han Dynasty to the early Eastern Han Dynasty, 16 tombs of the middle and late of Eastern Han Dynasty, 4 tombs of the Six Dynasties, 2 tombs of Tang Dynasty, 2 tombs in Ming and Qing Dynasty, while 1 tomb time unknown. More than 2000 pieces of various burial objects were excavated.

These tombs were mostly located in the terrace closed to the river or the gentle slope in the northeast of the burial site. Most head of these tombs were opened in the lower section of the cultural layer ① or the lower section of the cultural layer ②, the direction of these tombs mainly shared the same stream flow direction of Yangtze River or were opposite it. The phenomenon of the break relationship between these tombs was rare. The burial objects of different periods indicated a strong time characteristics and a change of burial ideas. The number of the burial object from the Warring States Period to the Western Han Dynasty was quite small, mostly including the practical wares such as Fu, jar and Dou. The number of the burial object in the Eastern Han Dynasty became larger, the model used sacrifice vessel for the dead, like the human pottery figures, animal pottery figures, pottery houses, pottery pools and pottery wells emerged in a huge quantities, except for the normal used wares such as jar, basin, zeng and bo, which shows the burial ideas of treating the dead as the living and burying the objects as serving the living at that time. After the Shu period, the number of the burial models declined and disappeared, the pottery burial objects were replaced by the celadon porcelain, indicating that the burial customs changed as long as the economical development and idea involution.

The tomb shape of the Wuling burial site from different time is various, and the quantity of the burial object is abundant, the archaeological sequence based on the original materials is in a closed arranged order. Obviously, Wuling burial site is an important large scale ancient graveyard in the middle and upper Three Gorge Area, the excavation of it established a full burial cultural sequence in the Three Gorge Area from the Warring States Period to Ming and Qing Dynasty, providing a detailed and reliable materials to study the local political pattern, economical level and cultural communication vessel at that time.

彩版

1. 由西向东

2. 由北向南

万州武陵墓群原貌

1. 布方（由南向北）

2. 开工（由西向东）

墓群发掘布方和开工

1. 清理M14

2. M14清毕

发掘M14

1. M29清毕

2. M29随葬器物

3. M30清毕

4. M30随葬器物

发掘M29和M30

1. M22清毕

2. M22墓底随葬器物

发掘M22

1. M10清毕

2. M12清毕

发掘M10和M12

1. 清理M3

2. M3清毕

发掘M3

1. M6露头

2. M6墓道及祭台

3. 清理M6祭台

4. M6清毕

发掘M6

1. M19、M21露头

2. 清理M19、M21

3. M19清毕

4. M21清毕

发掘M19和M21

1. 清理M34

2. M34清毕

发掘M34

1. M4露头

2. M4清毕

发掘M4

1. M15露头

2. 清理M15

3. M15清毕

发掘M15

1. 清理M31

2. M31清毕

3. M31填土祭台全貌

4. 清理M31填土祭台

发掘M31

1. 由南向北

2. 由北向南

发掘M32

1. M17清毕

2. M18清毕

发掘M17和M18

1. 清理阙盖

2. 阙盖清毕

3. 阙盖打包

4. 清理阙身

5. 阙身打包

6. 运输汉阙

发掘武陵阙

1. 陶罐（M30：1）

2. 陶豆（M30：4）

3. 铜鍪（M30：2）

4. 半两（M30：3）

M30出土器物

1. 陶仓（M3：38）

2. 陶摇钱树座（M3：54）

3. 陶车轮（M3：47）

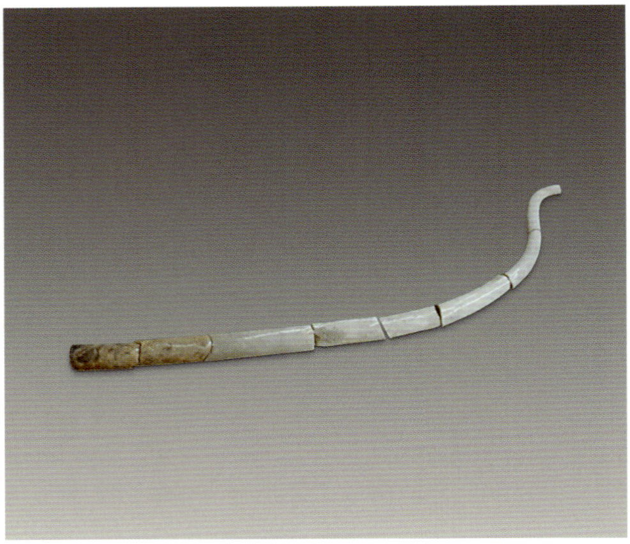

4. 陶车辕（M3：48）

5. 陶车軛（M3：17）

6. 陶马鞍（M3：59）

M3出土器物

1. 陶吹箫俑（M25：6）

2. 陶击鼓俑（M25：39）

3. 陶舞蹈俑（M25：22）

4. 陶持便面俑（M25：18）

5. 陶狗（M25：19）

6. 陶镇墓兽（M25：32）

M25出土器物

1. 陶房（M34：37）

2. 陶碓房（M34：17）

3. 陶房（M34：54）

4. 陶庖厨俑（M34：39）

M34出土器物

1. 陶驾御俑（M4：52）

2. 陶顶罐俑（M4：66）

3. 陶子母鸡（M4：47）

4. 陶公鸡（M4：46）

5. 陶狗（M4：44）

6. 铁削（M4：12、M4：83）

M4出土器物

1. 陶圜底罐（M15：2）

2. 陶平底罐（M15：4）

3. 陶鸡（M15：6）

4. M15出土陶俑组合

M15出土器物

1. 陶罐（M16：13）

2. 陶釜（M16：4）

3. 陶勺（M16：28）

4. 陶博山炉（M16：18）

M16出土器物

1. 陶罐（M21：13）

2. 陶灯（M21：4）

3. 陶塘（M21：10）

4. 陶狗（M21：7）

M21出土器物

1. 陶饼（M31：12）

2. 石黛板（M31：1）

3. 陶灯（M31：15）

4. 陶侍从俑（M31：4）

M31出土器物

1. 瓷盘口壶（M1：3）

2. 瓷盘口壶（M1：17）

3. 瓷碗（M1：2）

4. 瓷盏（M1：8）

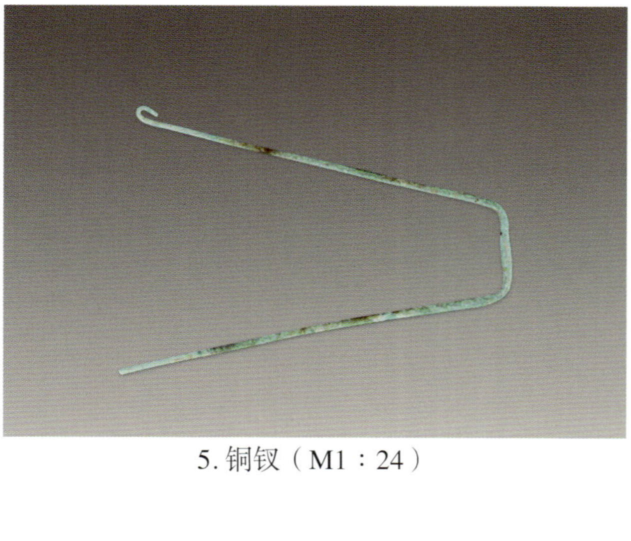

5. 铜钗（M1：24）

6. 琉璃器项链（M1：29）

M1出土器物

1. 陶瓮（M12：8）

2. 陶瓮（M12：11）

3. 瓷盘口壶（M12：1）

4. 铁鐎斗（M12：10）

M12出土器物

1. 瓷罐（M17：4）

2. 乾元重宝（M17：3）

M17出土器物

K－2887.01
ISBN 978-7-03-058698-8
9 787030 586988 >
定价：228.00元